Da Argila à Nuvem

Coleção Bibliofilia 2

DIREÇÃO
Marisa Midori Deaecto
Plinio Martins Filho

YANN SORDET

Da Argila à Nuvem

Uma História dos Catálogos de Livros (II Milênio – Século XXI)

Tradução

Geraldo Gerson de Souza

Ateliê Editorial

edições Sesc

Dados Internacionais de Catalogação na Publicação (CIP)
(Câmara Brasileira do Livro, SP, Brasil)

Sordet, Yann

Da Argila à Nuvem: Uma História dos Catálogos de Livros (II Milênio – Século XXI) / Yann Sordet; tradução Geraldo Gerson de Souza. – Cotia, SP: Ateliê Editorial; São Paulo: Edições Sesc São Paulo, 2019. – (Coleção Bibliofilia; v. 2 / direção Marisa Midori Deaecto, Plinio Martins Filho)

ISBN 978-85-7480-831-4 (Ateliê Editorial)
ISBN 978-85-9493-186-3 (Edições Sesc São Paulo)
Título original: *De l'argile au nuage: une archéologie des catalogues (2e millénaire av. J.C. – XXIe siècle)*

1. Bibliofilia 2. Catálogos de bibliotecas 3. Livros – Bibliografia – Catálogos 4. Livros – Catálogos 5. Livros – História I. Deaecto, Marisa Midori II. Martins Filho, Plinio III. Título. IV. Série.

19-26555 CDD-025.31

Índices para catálogo sistemático:
1. Catálogos de livros: Biblioteca: História 025.31

Iolanda Rodrigues Biode – Bibliotecária – CRB-8/10014

Ateliê Editorial
Estrada da Aldeia de Carapicuíba, 897
06709-300 – Cotia – SP – Brasil
Tel.: (11) 4702-5915
www.atelie.com.br
contato@atelie.com.br
/atelieeditorial
blog.atelie.com.br

Edições Sesc São Paulo
Rua Serra da Bocaina, 570 – 11º andar
03174-000 – São Paulo – SP – Brasil
Tel.: (11) 2607-9400
edicoes@edicoes.sescsp.org.br
sescsp.org.br/edicoes
/edicoessescsp

Foi feito depósito legal
Impresso no Brasil 2019

SUMÁRIO

I. Índice, Memória, Elenco, Catálogo, Tabuinhas, Inventário... • 9

II. Funções e Ambições: Da Ferramenta Catalográfica ao Gênero Bibliográfico • 19

III. Uma Tipologia Renovada pela Economia do Impresso • 37

IV. Materialidade, Construção, Paginação • 77

V. Hierarquia dos Textos e Ordem dos Livros • 95

VI. Desaparecimento, Conservação e Silêncio dos Catálogos • 115

I

ÍNDICE, MEMÓRIA, ELENCO, CATÁLOGO, TABUINHAS, INVENTÁRIO...*

Qualquer que seja sua função, a lista catalográfica, por sua forma e seu conteúdo, sempre esteve ligada intrinsecamente ao escrito. Dentro do *corpus* cuneiforme, a partir do III milênio, são particularmente numerosos os documentos constituídos de itens inventariados para fins administrativos, contábeis ou pedagógicos (Fig. 1). Com efeito, na sua expressão mais sim-

* A versão original deste texto foi concebida para servir de introdução ao catálogo da exposição *De l'Argile au Nuage: Une Archéologie des Catalogues (2e Millénaire av. J.C.–XXe Siècle)* (Paris, *Bibliothèque Mazarine; Genève, Bibliothèque de Genève, mars-mai, septembre-novembre 2015). Commissariat: Frédéric Barbier, Thierry Dubois et Yann Sordet, Paris,* Bibliothèque Mazarine/BGE/Éditions des Cendres, 2015, pp. 15-46.

1. Fragmento de uma tabuinha cuneiforme de argila, que contém uma lista léxica em sumério, da época paleobabilônica (II milênio a.C.). Genebra, Musée d'Art et d'Histoire, MAH 16239.

ples, o catálogo é a ordenação do movimento elementar do pensamento, que consiste em circunscrever, organizando-o, um material mais ou menos homogêneo: bens (lista de oferendas, contagem de animais domésticos, inventário de livros...), homens (registro de contribuintes, lista de eleitores, catálogo de autores, rol de escravos...), sintagmas (lista lexicográfica, dicionário, manual escolar...) ou objetos de conhecimento (repertório de estrelas, enciclopédia, catálogo de textos...).

Catálogo, registro, inventário, tabuinhas (*Πίνακες*), memória, repertório, rol, índice, elenco, lista...: todos esses termos designaram os documentos que nos interessam aqui e que nos foram conservados, no melhor dos casos integralmente e em sua forma original, ou então em estado de fragmentos, de cópias ou de citações textuais. Os bibliotecários, os historiadores do livro e os especialistas das ciências da informação os convocam tradicionalmente para fundamentar uma tipologia das "listas" de livros estabelecida com base em critérios de ambições (exaustão ou escolha, coleção física ou *corpus* bibliográfico ideal...) e de destinos (a pesquisa do texto ou o comércio, a estimativa ou a ciência...)[1]. Todavia, essas distinções às vezes se mostram artificiais, ou porque pode ser delicado delimitar este ou aquele documento conservado – sobretudo no tocante às épocas mais remotas (um caso de ambiguidade ideal-típico é o da "biblioteca" de Carlos Magno)[2] –, ou porque as práticas cientí-

1. Deve-se assinalar – consagrado unicamente aos catálogos de bibliotecas e à Idade Média – o manual clássico de Albert Derolez, *Les Catalogues de Bibliothèques,* Turnhout, 1979 (Col. "Typologie des Sources du Moyen Âge Occidental", n. 31) e, no tocante à produção impressa, o incontornável repertório de Graham Pollard & Albert Ehrman, *The Distribution of Books by Catalogue from the Invention of Printing to* AD *1800*, Cambridge, Roxburghe Club, 1965, em processo de reedição (cf. Giles Mandelbrote, "La Nouvelle Édition de Graham Pollard et Albert Ehrman, *The Distribution of Books by Catalogue from the Invention of Printing to* AD *1800*: Bilan des Travaux Préparatoires: Catalogues Français", *Les Ventes de Livres et Leurs Catalogues* XVII*e*-XX*e* *s.*, dir. Annie Charon et Elisabeth Parinet, Paris, École des Chartes, 2000, pp. 49-76.

2. Sem dúvida, a "lista" conservada no manuscrito de Berlim (Diez. B. 66), e na qual se acreditou identificar o catálogo da biblioteca do imperador Carlos Magno, é antes

ficas afastaram de sua principal função esta ou aquela forma de inventário. Todos esses termos – e a lista não é exaustiva – estão na dependência de etimologias heterogêneas e remetem a ações ou a funções diferentes, mas que atualmente se revelam complementares no tratamento tanto do objeto catalográfico quanto de todo e qualquer "reservatório de metadados".

O "inventário" (*inventorium*, *inventarium*), termo originário do verbo *in-venire*, qualifica o movimento que consiste em vir para, em avançar ao mesmo tempo em que se registra um conjunto de recursos ou de itens situados num espaço que se percorre, descobrindo-o progressiva e exaustivamente.

O *elenco* remete por sua origem grega (*ἔλεγχος/elenkhos*) à prova, ao argumento geralmente de-

o documento preparatório para a redação de um florilégio (cf. Claudia Villa, "La Tradizione di Orazio e la 'Biblioteca di Carlo Magno': Per l'Elenco di Opere nel Codice Berlin diez. B. 66", *Formative Stages of Classical Traditions: Latin Texts from Antiquity to the Renaissance*, Proceedings of a Conference Held at Erice, 16-22 out. 1993, Spoleto, 1996, pp. 299-322.

fensivo (a refutação). Pode designar igualmente o apêndice de uma obra, suscetível de conter uma lista de peças justificativas. O documento catalográfico, que corresponde à necessidade de *fixar* para *justificar* no futuro (uma posse, um título, um crédito etc.), cumpre uma função jurídica, social e simbólica. O termo *memória*, por originar-se de uma etimologia totalmente diferente, encobre a mesma intenção, a de fabricar pela escrita um instrumento probatório, uma "prótese" (Régis Debray) por meio da qual o homem externaliza, para si mesmo e para os outros, a função de "pró-memória".

O *índex*, encontrado com frequência como lista de livros desde a virada da Idade Média e o Renascimento, explicita diretamente a função díctica de um instrumento concebido para a busca de um texto, por intermédio da indicação do lugar onde se encontra um título ou um autor.

O "registro" (*registrum*, *regestum*, sendo mais comum no latim clássico o plural *regesta*), originário do verbo *regerere* – levar para outro lugar, reportar –, representa o gesto de um "catalogador", que é ao mesmo tempo de abstração, de transferência de suporte e de transcrição.

Entre os termos que qualificam a forma e a materialidade do catálogo, a "lista" (do italiano *lista*, século XIII, em alemão *Leiste*) designa a borda, a orla, a banda ou a linha e, portanto, uma disposição gráfica privilegiada, numa ou várias sequências verticais. Antes de designar o catálogo concebido por Calímaco para a biblioteca de Alexandria, aplicou-se concretamente o nome de *Pínakes* (*Πίνακες*) – tábuas ou tabuinhas – aos pequenos painéis apostos na frente de cada armário de *volumina*, que compunham a sinalética da coleção física[3]. Com o passar do tempo, em Roma, as *tabulae* ou *tabellae* – pranchas de escrever – acabaram por designar por metonímia os conteúdos textuais fixados sobre esses suportes e que obedeciam a uma estruturação sequencial e repetitiva (contas, leis, listas de eleitores ou de contribuintes).

3. Francis J. Witty, "The Pinakes of Callimachus", *The Library Quarterly*, 28(2), 1958, p. 132.

O "rol", por sua vez, deve à fórmula do *rotulus* uma organização vertical dos dados, que se mostram passíveis de um registro e de uma consulta do alto para baixo.

Do mesmo modo, o termo "catálogo" (*κατάλογος*; *katá*, "para baixo"), cuja acepção é maior atualmente, mas que raras vezes aparece aplicado aos livros e às bibliotecas antes da Idade Média, pressupõe uma organização dos dados que não é ditada pela horizontalidade (pela continuidade sintáxica do discurso), mas por um sequencialização vertical. Pode-se encontrar no século IV, em Platão, uma das ocorrências mais remotas do termo, usado para designar uma lista de cidadãos reconhecidamente aptos a exercer uma magistratura (*Leis*, 969d). Constitui também o título dado por convenção ao inventário das forças gregas, entoado na forma de litania pelo aedo no canto II da *Ilíada* (vv. 484-780): verdadeira cartografia do mundo grego arcaico, que enumera os chefes, as nações, as cidades e o número de naus que foram levadas para Troia – o "catálogo dos navios" sempre foi objeto de uma denominação retrospectiva. Embora este título forjado tenha sido atestado no século I em Plutarco (*Vidas*, Solon, 10-2), o autor da *Ilíada* não empregou a palavra *κατάλογος*.

Encontram-se igualmente, na Idade Média, termos mais anódinos para designar listas de livros – *descriptio, notitia, notatio, brevis/breviarium* – ou mesmo inventários apresentados sem outro título senão seu conteúdo – *Bibli Vulfadi* (dos livros de Vulfad de Reims elaborado por volta de 1860 [cf. Fig. 6]) – precedidos eventualmente de uma fórmula de *incipit*: *Hi codices reperti sun in armario Sancti Petri*[4]. A partir do Renascimento e com o aparecimento do impresso, a termino-

4.Catalogue des Livres de l'Abbaye de Corbie: Città del Vaticano, Bibliotheca Apostolica Vaticana, Reg. lat. 520, ed. por Léopold Delisle, *Le Cabinet des Manuscrits de la Bibliothèque Nationale*, t. II, Paris, Imprimerie Nationale, 1874, pp. 427-428. *Bibliothèques de Manuscrits Médiévaux en France,* reed. Annie Genevois, Jean-François Genest et Anne Chalandon, com a colaboração de Marie-José Beaud e Agnès Guillaumont, Paris, CNRS, 1987 (= *BMMF*; atualizado *on-line*: http://www.libraria.fr/fr/bmf), n. 481.

logia se restringe notadamente em torno dos vocábulos "índex", "biblioteca", "bibliografia" e "catálogo" (ou seus equivalentes latinos), com os dois últimos dominando a partir do século XIX e cada um contribuindo, então, para a definição de um gênero e de uma disciplina específica.

II

FUNÇÕES E AMBIÇÕES: DA FERRAMENTA CATALOGRÁFICA AO GÊNERO BIBLIOGRÁFICO

Os cento e vinte rolos que constituíam as *Pínakes* de Calímaco (v. 305–v. 240) representam a mais antiga tentativa de um catálogo exaustivo de uma coleção no mundo grego[1]. A importância da biblioteca de Alexandria na memória bibliotecária, além de suas dimensões e do projeto político que a guiou, está ligada também à ambiguidade assumida de seu catálogo, ao mesmo tempo *inventário* de uma coleção física, *catálogo* concebido para servir à sua acessibilidade, *repertório* dos textos conhecidos

1. Embora a questão da exaustão ou da seletividade das *Pínakes* seja objeto de discussões, cf. Luciano Canfora, *La Biblioteca Scomparsa*, Palermo, Sellerio, 1986; 8. ed., 1995, p. 47.

próprio para transmitir um estado da ciência e, ao mesmo tempo, *modelo* destinado à reprodução. Com efeito, na origem das *Pínakes*, deve-se considerar não apenas a coleção reunida no Museu de Alexandria, mas também as *Didascálias* elaboradas mais antigamente no Liceu de Aristóteles. Essa lista cronológica das tragédias e comédias representadas em Atenas nos séculos V e IV serviu de base para Calímaco elaborar seu catálogo dos autores dramáticos, que se pode considerar como um primeiro esboço e uma das fontes do grande catálogo[2]. Por outro lado, os fragmentos das *Pínakes*[3] que foram transmitidos por via indireta atestam uma cir-

2. Rudolf Blum, *Kallimachos und die Literaturverzeichnung bei den Griechen: Untersuchungen zur Geschichte der Bibliographie*, Frankfurt am Main, Buchhändler-Vereinigung, 1977, trad. ingl. sob o título de *Kallimachos: The Alexandrian Library and the Origins of Bibliography*, Madison, University of Wisconsin Press, 1991, p. 140.

3. 24 fragmentos, publicados por Rudolf Pfeiffer, *Callimachus,* vol. I: *Fragmenta*, Oxford, Clarendon Press, 1949, pp. 344-349.

culação estranha à exclusiva gestão da coleção. O catálogo foi, verossimilmente, considerado uma obra, um instrumento de difusão de um saber textual e do modelo bibliotecário que o havia gerado. Possivelmente pela primeira vez, uma biblioteca manifestava, por meio de seu catálogo, uma dinâmica dupla de conservação e de disseminação, uma vez que as listas anteriores de livros, procedentes de coleções reais ou particulares e transmitidas desde o II milênio pelas tabuinhas cuneiformes, parecem não ter tido outra função senão a de inventários de bens. Assim, pôde-se ver no projeto de Calímaco o nascimento da bibliografia ou, mais ampla e simplesmente, da ciência dos textos[4]. Tanto mais que esse processo catalográfico foi gerador de outras listas, pois a biblioteca de Alexandria produziu léxicos, coletâneas de citações e outros catálogos.

Ferramenta de gestão e de determinação do lugar exato – *πίναξ* significa também mapa

4. Rudolf Blum, *Kallimachos...*, *op. cit.*, pp. 244-246.

geográfico[5] –, o catálogo é igualmente um instrumento de publicidade, assim como uma representação, inclusive programática, da coleção. Com efeito, algumas das bibliotecas criadas nas cidades helenísticas, muitas vezes pela iniciativa de particulares, mas segundo o modelo das de Alexandria e de Pérgamo, tiveram catálogos monumentais, exibidos no espaço público, atestados por diversos fragmentos epigráficos conservados. Estas inscrições dependem em geral do inventário comemorativo, no sentido de que documentam doações de livros, citando autores ou textos representados nas coleções como se fossem verdadeiros catálogos. Temos, assim, um fragmento encontrado no Pireu, datado de cerca de 100 a.C., que relaciona obras de Homero, Menandro, Sófocles ou Eurípides, supostamente com ligações com a biblioteca de um ginásio, talvez o Ptolemaion de Atenas. No século II a.C., o ginásio de Taormina, na Sicília,

5. Christian Jacob, "Vers une Histoire Comparée des Bibliothèques", *Quaderni di Storia*, 48, 1998, p. 103, n. 24.

dispunha de um catálogo de seus livros cujos dados, não gravados, mas pintados em vermelho num reboco, constituíam breves notícias biobibliográficas dos autores[6].

Estes catálogos monumentais, cuja representatividade ainda não é bem medida na Antiguidade, conheceram em meados do século XIX uma ressurgência singular no projeto de Henri Labrouste para a nova Bibliothèque Sainte-Geneviève. O arquiteto quis fazer uma fachada "falante", constituída de um catálogo de autores cujos 810 nomes, de Moisés ao químico sueco Berzelius, foram gravados entre setembro e novembro de 1848 (Fig. 2). Não nos deixemos enganar pela retórica de Labrouste[7]: o catálogo monumental,

6. Horst Blanck, *Das Buch in der Antike*, München, Beck, 1992, pp. 204-207.

7. "Na fachada do edifício e na parte do primeiro andar que corresponde aos armários interiores que contêm os livros, estão inscritos em letras maiúsculas e grandes os nomes dos principais autores e escritores que têm suas obras conservadas na biblioteca. Este catálogo monumental é a principal decoração da fachada, como os próprios livros

2. Henri Labrouste, *Catalogue monumental*, 1848 (Paris, Bibliothèque Sainte-Geneviève, ms. 4273-32).

que corresponde a uma lista idealmente cronológica, não foi estabelecido a partir do acervo da Bibliothèque Sainte-Geneviève. No entanto, essa suposta reverência a um dispositivo igual ao das grandes bibliotecas antigas é bastante significativo, já que Sainte-Geneviève experimentava, na época, uma nova forma material de catálogo e era a primeira entre as bibliotecas francesas a descobrir as vantagens do fichário sobre o catálogo-códice[8].

são o mais belo ornamento do interior", em H. Labrouste, "Lettre à César Daly", *Revue Générale de l'Architecture et des Travaux Publics*, vol. 13, 1852.

8. Pelo que sei, o parentesco da fachada gravada de Labrouste com os catálogos epigráficos da Antiguidade helenística nunca foi analisado. Em compensação, o conteúdo do catálogo e sua sequencialização cronológica foram relacionadas com as concepções positivistas e com a "religião da humanidade" de Auguste Comte, o que prova que o dispositivo correspondia a um programa ideológico e não estava articulado com precisão com a realidade e com o catálogo das coleções. Neil Arthur Levine, *Architectural Reasoning in the Age of Positivism: The Neo-grec Idea of H. Labrouste*, New Haven, Yale University, 1975; Frédéric Barbier, "Autopsie

Foi principalmente pela disseminação do catálogo que foram asseguradas a publicidade e a notoriedade das bibliotecas, por meio da cópia manuscrita e, depois, pela tipografia – os primeiros exemplos de difusão impressa datam de meados do século XVI. Alguns catálogos foram objeto de uma ou várias cópias estabelecidas expressamente para servir, circular, ou mesmo impor-se no seio de uma comunidade, de uma congregação ou de uma rede interpessoal. Alguns exemplos são atestados na Idade Média: o primeiro catálogo da abadia carolíngia de Reichenau (século IX) é conhecido por uma cópia parcial elaborada para a abadia de Murbach[9]; o grande catálogo traçado em Cluny, na gestão do abade Hugues de Semur

d'une Façade", em *Des Palais pour les Livres: Labrouste, Sainte--Geneviève et les Bibliothèques*, dir. Jean-Michel Leniaud, Paris, Maisonneuve & Larose, 2002, pp. 92-93.

9. Bibl. de Genève, ms. lat. 21, f. 195v-196v., ed. crítica em *Mittelalterliche Bibliothekskataloge Deutschlands und der Schweiz* (=MBKDS), München, 1918, t. I, pp. 244-252; Rosamond McKitterick, *The Carolingian and the Written World*, Cambridge, CUP, 1989, pp. 192-193.

(1049-1109), foi difundido, plausivelmente, nas abadias neoclunysienses do mundo germânico[10].

No mundo humanista, onde a acessibilidade das bibliotecas públicas e particulares da Antiguidade constitui um modelo, a notoriedade das coleções, tanto quanto a circulação dos textos e as trocas entre eruditos, basearam-se na difusão de seus inventários. Isso é verdade tanto com relação a coleções particulares – a rede de Gian Vincenzo Pinelli (1535-1601) representa a esse respeito um dos exemplos mais notáveis de circulação e de conservação dos catálogos de livros no século XVI – quanto a bibliotecas de instituição, que nessa matéria conseguiram conceber uma verdadeira política editorial. O catálogo dos manuscritos gregos da Biblioteca Vaticana, redigido totalmente em grego no tempo de Paulo III (1534-1549), foi objeto de várias cópias, das quais já foram levantadas cerca de vinte: as primeiras foram difundidas por Agostino Seuco

10. Esses exemplos nos foram transmitidos por Anne-Marie Turcan-Verkerk.

(nomeado bibliotecário en 1538), que ofereceu uma ao cardeal Hippolyte d'Este, grande figura da corte de Francisco I (Paris, BNF, ms. grec 3062); e outro exemplar foi encadernado com as armas do Cardeal de Granvelle (1517-1586), conselheiro de Carlos V (Amsterdam, Universiteitsbibliotheek, ms. 15 [I C 16])[11].

O recurso à impressão, que constitui um certo acabamento final do projeto catalográfico mas que levanta questões novas sobre sua perenização como instrumento de gestão, será útil, com maior eficácia à lógica de circulação. Assim, a partir do século XVI, alguns catálogos de bibliotecas de instituições foram objeto de uma difusão impressa, publicados como tais e em separado, como produtos editoriais autônomos, e não sob a forma de listas de títulos fornecidos em

11. Pierre Petitmengin, com a colaboração de Jeannine Fohlen, "I Manoscritti Latini della Biblioteca Vaticana: Uso, Acquisizioni, Classificazioni", em *Storia della Biblioteca Apostolica Vaticana*, II, dir. Massimo Ceresa, Città del Vaticano, BAV, 2012, pp. 43-90.

anexo a uma obra erudita. São às vezes catálogos exaustivos, como para o Collège de Sorbonne, em c. 1550, ou para a biblioteca da Universidade de Leyden, em 1595 (Fig. 3)[12]. Mas podem ser também inventários parciais e, nessa categoria, os catálogos de manuscritos gregos ocuparão por muito tempo um lugar privilegiado: o primeiro de sua espécie é o dos *codices graeci* da biblioteca de Augsburgo (1575), preparado por Hieronymus Wolf (1516-1580), bizantinista e bibliotecário da cidade[13]; e o primeiro catálogo impresso da Hofbibliothek de Viena (1690), elaborado por Daniel de Nessel (1644-1700), que trata dos manuscritos gregos e orientais (Fig. 4). Nesta lógica de difusão e de modelização, deve-se reservar um lugar aos

12. Os empreendimentos mais notáveis de publicação de catálogos de bibliotecas públicas ou de instituições antes do final do século XVIII, pela magnitude da coleção, pela exigência descritiva e pela amplitude da acolhida, continuam sendo os da Bodleian Library (1605, 1620 e, sobretudo, 1674), da Bibliothèque du Roi (1739-1753) e da Mediceia Florenziana (1764-1793).

13. Augsburg, Michael Manger, 1575, in-4°.

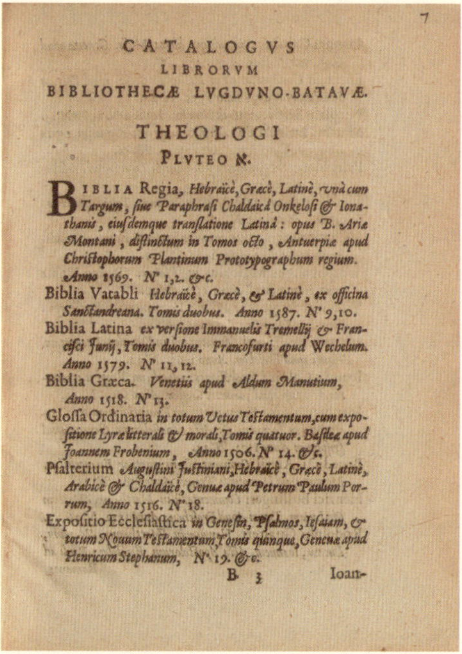

7

CATALOGVS
LIBRORVM
BIBLIOTHECÆ LVGDVNO-BATAVÆ.

THEOLOGI
PLVTEO א.

BIBLIA Regia, *Hebraïcè, Græcè, Latinè, vnà cum Targum, siue Paraphrasi Chaldaicâ Onkelosi & Ionathanis, eiusdemque translatione Latinâ: opus B. Ariæ Montani, distinctum in Tomos octo, Antuerpiæ apud Christophorum Plantinum Prototypographum regium. Anno* 1569. *N°* 1,2. &c.

Biblia Vatabli *Hebraïcè, Græcè, & Latinè, ex officina Sanctandreana. Tomis duobus. Anno* 1587. *N°* 9,10.

Biblia Latina *ex versione Immanuelis Tremellij & Francisci Iunij, Tomis duobus. Francofurti apud Wechelum. Anno* 1579. *N°* 11, 12.

Biblia Græca. *Venetiis apud Aldum Manutium, Anno* 1518. *N°* 13.

Glossa Ordinaria *in totum Vetus Testamentum, cum expositione Lyræ litterali & morali, Tomis quatuor. Basileæ apud Ioannem Frobenium, Anno* 1506. *N°* 14. &c.

Psalterium *Augustini Iustiniani, Hebraïcè, Græcè, Latinè, Arabicè & Chaldaïcè, Genuæ apud Petrum Paulum Porrum, Anno* 1516. *N°* 18.

Expositio Ecclesiastica *in Genesin, Psalmos, Iesaiam, & totum Nouum Testamentum, Tomis quinque, Geneuæ apud Henricum Stephanum,* N° 19. &c.

B 3 Ioan-

3. Catálogo da Biblioteca da Universidade de Leyden: Pierre Bertius, *Nomenclator Autorum Omnium, Quorum Libri, vel Manuscripti, vel Typis Expressi, Exstant in Bibliotheca Academiae Lugduno-Batavae*, Leyden, Franciscus Raphelengius, 1595 (Paris, BnF, 8-H-26084 [2]).

4. Prancha que reproduz uma iluminura, no catálogo dos manuscritos da Biblioteca Imperial de Viena. Daniel Nessel, *Catalogus sive Recensio Specialis Omnium Codicum Manuscriptorum Graecorum, nec non Linguarum Orientalium, Augustissimæ Bibliothecæ Cæsareæ Vindobonensis*, Vienne/Nuremberg, Leopold Voigt/Joachim Balthasar Endter, 1690 (Paris, Bibliothèque Mazarine, 2°-6742 [k-l]).

catálogos impressos que se impuseram de forma muito concreta para servir a outras coleções, geralmente à custa de uma "customização" cuja forma mais recorrente, a partir do século XVII, é a interfoliação. A esse respeito, o caso exemplar é o catálogo da Bodleian Library, de 1674: um levantamento recente encontrou vinte e nove exemplares interfoliados para servir a outras bibliotecas, tanto particulares quanto coletivas ou públicas, como, em Paris, a do Convento dos Agostinianos Descalços ou a do Colégio das Quatro Nações (Fig. 5). Esta última também interfoliou, no século XVIII, para suas próprias necessidades, um exemplar do catálogo dos impressos da Bibliothèque du Roi, publicado a partir de 1739. Tais práticas revelam ao mesmo tempo a legitimidade reconhecida à coleção "fonte", o crédito concedido a seu catálogo (a exatidão dos dados e a praticabilidade de sua organização) e uma preocupação com a economia do gesto documental, que se mostrará determinante na evolução dos dispositivos bibliográficos modernos. Estes catálogos reempregados, adaptados a outras coleções fora daquela que lhe deu forma e impressão, serviram antes de tudo às exigências da procura dos livros (função *índex*) que tenham sido manipulados diretamente pelo usuário ou, geralmente, a pedido do bibliotecário – mas que foram também utilizados às vezes para a gestão interna da coleção (função *inventário*).

Reservatórios de notícias colocados à disposição dos gestores e dos usuários de bibliotecas distintas, que neles integraram suas especificidades (das quais a mais elementar é a cota ou a localização dos exemplares), suas correções e seus acréscimos, estes catálogos adaptados "funcionaram" de uma maneira tal que nos deve levar hoje em dia a lhes atribuir um lugar decisivo (antes até da invenção da "ficha") na pré-história dos catálogos coletivos e das redes de informação bibliográfica, constituídos em torno dos conceitos de formato de intercâmbio e de interoperabilidade.

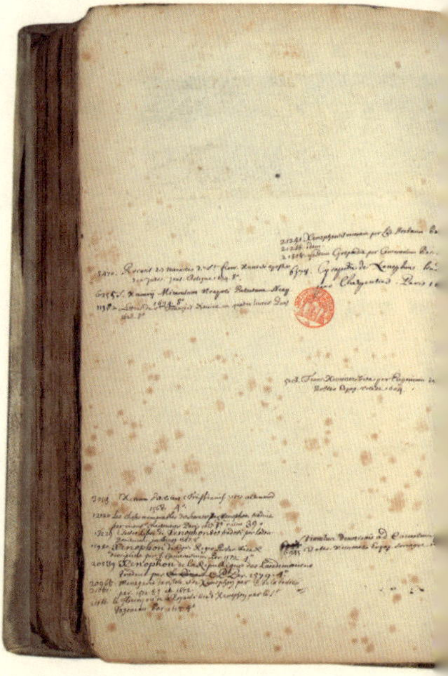

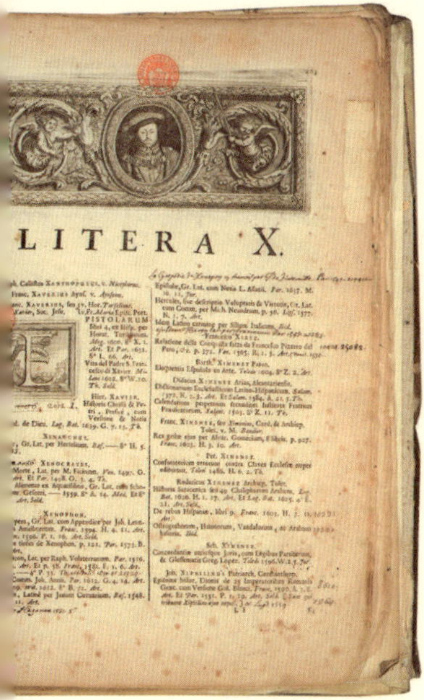

5. Um exemplar interfoliado do catálogo da Bodleian Library. Thomas Hyde, *Catalogus Impressorum Librorum Bibliothecae Bodlejanae in Academia Oxoniensi*, Oxford, Theatrum Sheldonianum, 1674 (Paris, Bibliothèque Mazarine, ms. 4138-4145).

III

UMA TIPOLOGIA RENOVADA PELA ECONOMIA DO IMPRESSO

Enquanto a maioria das listas de livros conservadas ou atestadas para a Antiguidade e a Idade Média corresponde, primeiramente, a catálogos de biblioteca, a partir do Renascimento a evolução da filologia e as mudanças induzidas pela economia do impresso favoreceram a diversificação dos tipos de catálogos. A assimilação tipológica não deve esconder uma evidente porosidade entre os gêneros, a compreensão imperfeita que temos de algumas evidências e o fato de a prática, notadamente erudita, dos catálogos sempre ter-se mostrado bastante indiferente às segmentações e às hierarquizações heurísticas. Essa tipologia fundamenta-se em três questões principais, as quais têm a ver com as circunstâncias, com as funções originais e com a materialidade do documento. Em outras palavras, o que é que determina a elaboração do catálogo (a morte, a doação, o espólio de guerra, a viagem...)? Para que fins deve servir (a conservação ou a dispersão de uma coleção, a avaliação, o comércio dos livros, a defesa de direitos, a justificação de uma obra, a acessibilidade dos textos...)?. Que forma ele adota (manuscrito ou impresso; inscrição, *rotulus*, *codex* ou fichário; natureza e "paginação" dos metadados...)?

A tradição bibliográfica foi tentada a atribuir, a cada grande tipo, um termo de referência na lista que evocamos anteriormente: o "inventário" para as listas de natureza topográfica, judiciária ou probatória; o "catálogo" para a descrição, estruturada para a procura, de uma coleção ou de um acervo; o "repertório" para um empreendimento bibliográfico de vocação exaustiva num domínio... Mas a mobilidade dos vocábulos, inclusive na produção científica contemporânea, relativiza a pertinência dessa taxinomia. Cada gênero tem, apesar de tudo, uma história própria, cuja cronologia adquire com o impresso uma acuidade toda particular, tão significativa é a noção de primazia na abordagem da bibliografia histórica.

No âmbito dos catálogos de biblioteca, será mantida uma diferenciação entre aqueles estabelecidos para uma coleção particular e aqueles elaborados para acervos de instituições, públicos ou de uso coletivo. Têm em comum o fato de serem concebidos para coleções vivas, cuja conservação, gestão (aumento, manutenção, atualização do conteúdo e sua disposição no espaço), busca e acessibilidade devem ser garantidos por princípio. Essa dimensão aberta os distingue das listas que se poderá designar mais comumente de "inventários", que podem ser elaborados por instituições judiciárias e que representam o estado momentâneo de uma biblioteca, feito por ocasião ou na iminência de uma apreensão, de uma transferência, do desaparecimento, da dissolução de uma comunidade. Nessa qualidade, os inventários *post mortem* são excelentes para apreender a grande maioria das coleções particulares para as quais não foram elaborados catálogos. Sem dúvida, entre essas fontes de natureza arquivística é que, no futuro, serão mais numerosas as descobertas regulares, graças a prospecções nas minutarias dos notários ou nos arquivos das instituições judiciárias do Antigo Regime. Entre os inúmeros exemplos, que têm sido, às vezes, objeto de estudos globais[1], pode-se citar o inventário *post mortem* de Agrippa d'Aubigné (1552-1630), que é o único que possibilita conhecer o conteúdo de sua biblioteca genebrina[2].

O termo "catálogo doméstico" foi proposto para designar os catálogos de bibliotecas particulares redigidos por seu proprietário ou a seu pedido, para o próprio uso e a conservação do acervo (e não para programar-lhe a dispersão)[3].

1. Michel Ollion, *Les Bibliothèques des Nobles Parisiens à la Fin du* XVIII*e Siècle*, tese para o diploma de arquivista paleógrafo, Paris, École Nationale des Chartes, 1985 (resumido em *Positions des Thèses de l'École Nationale des Chartes*, 1985, pp. 117-123): pesquisa conduzida com base nos inventários *post mortem*.

2. Inventário *post mortem* da biblioteca de Agrippa d' Aubigné (1552-1630), Arquivo do Estado de Genebra, Jur. civ., F 254, f. 48r-51v.

3. Yann Sordet, "Une Approche des Catalogues Domestiques de Bibliothèques Privées (XVIIe-XVIIIe s.), Instruments et

Cícero confiou esse serviço a seu confidente e secretário Tirón (*Fam.* XV, 20; *Att.*, IV, 4). No atual estado da pesquisa, pode-se considerar que a lista dos livros de Vulfad de Reims, elaborada por volta de 860, constitui o catálogo doméstico mais antigo já conservado sob sua forma original para o Ocidente latino (Fig. 6). A alguns desses documentos, que acompanharam o desenvolvimento e as vicissitudes da biblioteca, foram acrescentadas notas (de contas, de proveniência, de leitura) que superam de longe as necessidades exclusivas da descrição bibliográfica, da classificação e da localização dos livros, o que pode ter-lhes conferido alguma complexidade material[4]. Por motivos evidentes de meios e de

Miroirs de Collections Particulières", *Bulletin du Bibliophile*, 1997, pp. 92-123; "Catalogue Domestique", *Dictionnaire Encyclopédique du Livre*, Paris, Cercle de la Librairie, t. I, 2002, pp. 472-473.

4. Os dois catálogos domésticos sucessivos do bibliófilo Pierre Adamoli (1707-1769), elaborados entre 1740 e 1769, representam 12 volumes – Bibliothèque de Lyon, ms. PA 295, PA298(1-11) – completados com várias memórias seletivas,

atualização, a maioria dos catálogos domésticos encontrados permanece manuscrita, mas são atestadas intenções de impressão, algumas das quais chegando a ser efetivamente realizadas. O projeto de impressão corresponde a diversas motivações, explicitadas ou não: promoção da coleção, difusão do catálogo a pedido de amigos e pesquisadores, expressão de uma vocação pública ou, ao contrário, antecipação de uma venda (nesse caso, deve-se considerar a edição como um catálogo prévio de venda). A qualidade de primeiro catálogo doméstico impresso é hoje disputada por duas edições, cada uma conhecida por um único exemplar. Provavelmente impressos em Roma em 1557 ou 1558 por Antonio Blado, quatro fólios conservados hoje em Cambridge descrevem os livros confiados por Luca Gaurico (1475-1558), bispo e astrônomo, à igreja da cida-

bem como catálogos das coleções de numismática: Yann Sordet, *L'Amour des Livres au Siècle des Lumières: Pierre Adamoli et ses Collections,* Paris, École des Chartes, 2001 (*Mémoires et Documents de l'École des Chartes,* 60), pp. 467-477.

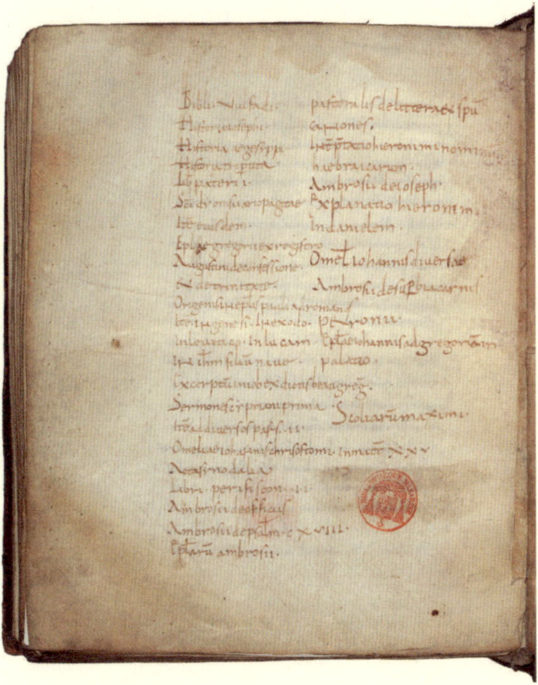

6. Lista de 29 livros que formam a biblioteca de Vulfad de Reims, c. 860. (Paris, Bibliothèque Mazarine, ms. 561, f. 219v.)

dezinha de Gauro, na Campânia, onde nascera. Destinada ao uso público, a coleção comporta uma parte evidente da biblioteca pessoal de Gaurico, mas seu catálogo, cujo título já coloca o prelado em posição de evérgeta[5], já não seria o de uma biblioteca pública? Essa hesitação nos leva a considerar o testemunho seguinte, pressentido desde 1936 como o catálogo impresso mais antigo de uma biblioteca particular – ignorava-se na época a existência de um possível precedente. A lista dos livros do médico Jeremias Martius (c. 1535-1585), helenista correspondente de Gesner, saiu em 1572 dos prelos de Michael Manger em Augsbourg[6]. Descrevendo uns mil títulos, é um

5. *Liste delli Libri che il Reverendiss. Mons. L. Gaurico Manda al Casale di Gauro, Accio che Ognuno Possa Studiare...*, [Roma, Antonio Blado, 1557 ou 1558], in-4 (Cambridge University Library, Munby, c. 297). Ver Dennis E. Rhodes, "An Unknown Library in South Italy in 1557", *Transactions of the Cambridge Bibliographical Society*, 6, 1973, pp. 115-125.

6. *Bibliothecæ Hieremiæ Martii, Doctoris Medici Augustani*, Augsburg, Michael Manger, 1572, [22] f. (Staats- und Stadtbibliothek Augsburg, Rar 116). Eduard Gebele, "Augsburger Bibliophilen",

documento bastante notável de precisão e de regularidade na paginação dos dados (autor e título, formato, local de impressão, editor, data). Mas o prefácio, que coloca em exergo a qualidade das encadernações, o preço e os esforços que a constituição da coleção custou a Martius, justifica a suspeita de ser um catálogo pensado para servir de suporte e argumento de uma venda, mesmo que esta não se tenha realizado manifestamente.

Alguns catálogos domésticos publicados a partir do século XVII, como o de Charles-Maurice Le Tellier em 1693, constituíram-se como verdadeiros monumentos para a glória e o uso da coleção que descreviam; um de seus exemplares, cuidadosamente interfoliado e intervalado, podia, no quadro da biblioteca, fazer as funções de instrumento de gestão e de atualização[7]. Dessa catego-

Zeitschrift des historischen Vereins für Schwaben und Neuburg, 52, 1936, p. 33; Giles Mandelbrote, "The First Printed Library Catalogue?", em *Le Biblioteche Private come Paradigma Bibliografico*, ed. Fiammetta Sabba, Roma, Bulzoni, 2008, pp. 295-311.

7. Paris, Bibliothèque Sainte-Geneviève, Fol Qb 68 inv. 75 Rés.

ria, mas reservado para objetos bem específicos, o *Catalogue des livres de figures*, do cônego Louis Odespung de La Meschinière (1597-c. 1655), elaborado por ele próprio e publicado antes de sua morte, constitui talvez o primeiro catálogo impresso de uma coleção de estampas (Fig. 7).

A necessidade de assegurar as funções concorrentes, e às vezes contraditórias, de instrumento de localização (dos textos) e de inventário topográfico (dos volumes) propiciou a elaboração, na Idade Média, dos catálogos duplos[8], de grande valor, uma vez que o manuscrito medieval frequentemente é um documento heterogêneo. Então, o inventário é completado com um índice (ou repertório), ordenado metódica ou alfabeticamente, que não mais assinala unidades físicas, mas entidades filológicas (autores e textos); esse segundo documento integra uma remissão ou ao inventário (número de ordem, de coluna ou de fólio), ou diretamente ao *codex* (cota ou

8. Termo cunhado por Albert Derolez, *Les Catalogues de Bibliothèques...*, p. 40.

tabuinha). É traçado desse modo o catálogo da biblioteca comum do Collège de Sorbonne, elaborado a partir de 1321, no qual as duas partes ocupam respectivamente um e nove cadernos[9].

Pode-se vir a ser enxertado neste dispositivo outro documento, que irá servir para registrar os empréstimos, quando então a unidade de descrição não é mais constituída pelo livro, mas pelo leitor ou, de modo mais abstrato, pela transação (empréstimo e devolução). Um registro de empréstimos do Collège de Sorbonne, conservado no manuscrito 3323 da Bibliothèque Mazarine, permaneceu em uso do início do século XV até a década de 1530, e representa o mais antigo documento conhecido desse tipo. De resto, a atividade catalográfica dentro da biblioteca

9. Trata-se de um catálogo sem título propriamente dito: *Isti sunt libri venerabiles collegii pauperum magistrorum de sorbona de libria* [*sic*] *communi etc.*, Paris, BnF, n.a.l. 99, pp. 237-[358]. Cf. Gilbert Fournier, "Listes, Numérotations, Inventaires. Les Sources Médiévales et Modernes de la Bibliothèque du Collège de Sorbonne (Première Partie: Les Sources Médiévales)", *Scriptorium*, 64, 2011, n 3.4.3, pp. 187-193.

iusques à ~~la fin de~~ celuy du Roy Louys XIII. A la fin sont les cri de Paris, habits Lorrains, les gueux de Callot, auec les jeux populaires de France.

TOME LXXXII.

Contenant la description Geographique de la Monarchie Françoise, comme elle est à present du Regne du Roy Louys XIIII. Dieu-donné, diuisee en Prouinces Ecclesiastiques, en Parlements, en Gouuernements, & Generalitez.

TOME LXXXIII.

Estat de France dans le particulier des Prouinces. Outre les cartes s'y voient les plans ou porfils des Villes, & de quelques Eglises, Chasteaux & maisons.

TOME LXXXIV.

Suitte de l'Estat de France.

TOME LXXXV.

Contenant les Estats, Prouinces, Villes & places adjoustees au Royaume de France pendant les Regnes des Roys Louys XIII. & XIV.

TOME LXXXVI.

Ce Tome est vn recueil de Portraicts obmis aux precedents, contenant ceux des Peintres de Flandres, & d'autres personnes remarquables.

TOME LXXXVII.

Contenant vn ramas d'Images & Portraicts de personnes indignes d'estre mises & meslees auec les autres, ce sont les Persecuteurs de l'Eglise, les Heresiarques, Impies, Libertins, & à la fin les Fols & les Monstres.

TOME LXXXVIII.

Contenant les persecutions de l'Eglise, des Saints, & des Martyrs depuis le commencement du monde jusques à la fin.

PROGREZ DE LA PEINTVRE, SCVLPTVRE ET GRAVEVRE.

TOME I.

Contenant l'origine de la Peinture dans les Hieroglyphiques des Egyptiens, Lettres de diuerses Nations, quelques bas Reliefs, Trophees, Aneaux, Camayeux, Vases, Vrnes, ornements d'Architecture antique, Inscriptions & Epitaphes.

TOME

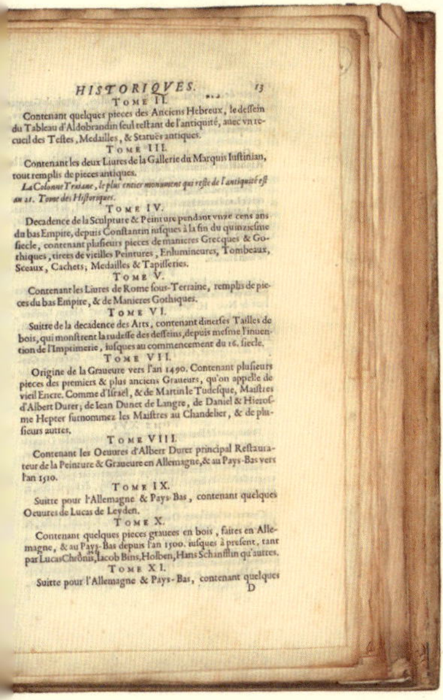

HISTORIQVES. 13

TOME II.

Contenant quelques pieces des Anciens Hebreux, le desseín du Tableau d'Aldobrandin seul restant de l'antiquité, auec vn recueil des Testes, Medailles, & Statuës antiques.

TOME III.

Contenant les deux Liures de la Gallerie du Marquis Iustinian, tout remplis de pieces antiques.

La Colonne Trajane, le plus entier monument qui reste de l'antiquité est au 21. Tome des Historiques.

TOME IV.

Decadence de la Sculpture & Peinture pendant vnze cens ans du bas Empire, depuis Constantin iusques à la fin du quinziesme siecle, contenant plusieurs pieces de manieres Grecques & Gothiques, tirees de vieilles Peintures, Enlumineures, Tombeaux, Sceaux, Cachets, Medailles & Tapisseries.

TOME V.

Contenant les Liures de Rome sous-Terraine, remplis de pieces du bas Empire, & de Manieres Gothiques.

TOME VI.

Suitte de la decadence des Arts, contenant diuerses Tailles de bois, qui monstrent la rudesse des desseins, depuis mesme l'inuention de l'Imprimerie, iusques au commencement du 16. siecle.

TOME VII.

Origine de la Graueure vers l'an 1490. Contenant plusieurs pieces des premiers & plus anciens Graueurs, qu'on appelle de vieil Encre. Comme d'Israël, & de Martin le Tudesque, Maistres d'Albert Durer; de Iean Dunet de Langre, de Daniel & Hierosme Hepter surnommez les Maistres au Chandelier, & de plusieurs autres.

TOME VIII.

Contenant les Oeuures d'Albert Durer principal Restaurateur de la Peinture & Graueure en Allemagne, & au Pays-Bas vers l'an 1510.

TOME IX.

Suitte pour l'Allemagne & Pays-Bas, contenant quelques Oeuures de Lucas de Leyden.

TOME X.

Contenant quelques pieces grauees en bois, faites en Allemagne, & au Pays-Bas depuis l'an 1500. iusques à present, tant par Lucas Chrônis, Iacob Bins, Holben, Hans Schanfflin qu'autres.

TOME XI.

Suitte pour l'Allemagne & Pays-Bas, contenant quelques

D

7. *Catalogue des Livres de Figures qui Sont au Cabinet de M. de La Meschinière* [1655] (Paris, Bibliothèque Mazarine, 2°-2255 A, p. 5).

comum do Collège de Sorbonne é exemplar por mais de um motivo. Por muito tempo considerou-se que o primeiro catálogo completo de uma biblioteca coletiva (de instituição ou de comunidade) fora o dos livros da jovem Universidade de Leyden, publicado em 1595 por Pierre Bertius (1565-1629) (cf. Fig. 3). Além disso, descoberta recente de dois exemplares, até agora ignorados ou mal interpretados, deu azo a que Gilbert Fournier revelasse que um catálogo do tipo *placard*, constituido de fólios de *tabulae* que podiam ser mantidos sob a forma livresca ou então destacados e afixados nas prateleiras, fora impresso já em meados do século XVI para o Collège de Sorbonne (Fig. 8). No quadro desta cronologia assim renovada, o imponente catálogo da Bodleain de Oxford impresso em 1605 (um in-quarto de mais de setecentas páginas) ocupa doravante o terceiro lugar. Apenas para o século XVII, a Bodleian Library conheceu três catálogos impressos sucessivos, cada um retomando *ab ovo* os dados catalográficos e sua organização.

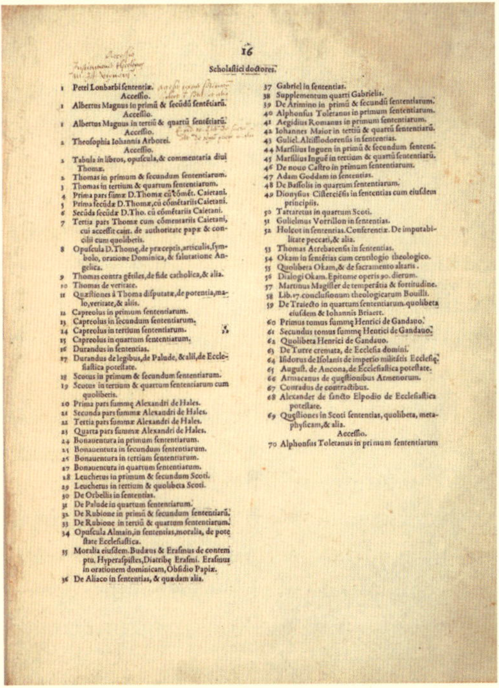

16

Scholaſtici doctores.

1 Petri Lonbarbi ſententiæ.
Acceſſio.
1 Albertus Magnus in primũ & ſecũdũ ſentẽtiarũ.
Acceſſio.
1 Albertus Magnus in tertiũ & quartũ ſentẽtiarũ.
Acceſſio.
2 Theoſophia Iohannis Arborei.
Acceſſio.
1 Tabula in libros, opuſcula,& commentaria diui Thomæ.
2 Thomas in primum & ſecundum ſententiarum.
3 Thomas in tertium & quartum ſententiarum.
4 Prima pars ſũmæ D.Thomæ cũ cõmẽt. Caietani.
5 Prima ſecũdæ D.Thomæ,cũ cõmẽtariis Caietani.
6 Secũda ſecũdæ D.Tho. cũ cõmẽtariis Caietani.
7 Tertia pars Thomæ cum cõmentariis Caietani, cui acceſſit caiet. de authoritate papæ & concilii cum quolibetis.
8 Opuſcula D.Thomę,de præceptis,articulis,ſymbolo, oratione Dominica, & ſalutatione Angelica.
9 Thomas contra gẽtiles,de fide catholica,& alia.
10 Thomas de veritate.
11 Quæſtiones à Thoma diſputatæ,de potentia,malo,veritate,& aliis.
12 Capreolus in primum ſententiarum.
13 Capreolus in ſecundum ſententiarum.
14 Capreolus in tertium ſententiarum.
15 Capreolus in quartum ſententiarum.
16 Durandus in ſententias.
17 Durandus de legibus,de Palude, & alii,de Eccleſiaſtica poteſtate.
18 Scotus in primum & ſecundum ſententiarum.
19 Scotus in tertium & quartum ſententiarum cum quolibetis.
20 Prima pars ſummę Alexandri de Hales.
21 Secunda pars ſummæ Alexandri de Hales.
22 Tertia pars ſummæ Alexandri de Hales.
23 Quarta pars ſummæ Alexandri de Hales.
24 Bonauentura in primum ſententiarum.
25 Bonauentura in ſecundum ſententiarum.
26 Bonauentura in tertium ſententiarum.
27 Bonauentura in quartum ſententiarum.
28 Leuchetus in primum & ſecundum Scoti.
29 Leuchetus in tertium & quolibeta Scoti.
30 De Orbellis in ſententias.
31 De Palude in quartum ſententiarum.
32 De Rubione in primũ & ſecundum ſententiarũ.
33 De Rubione in tertiũ & quartum ſententiarum.
34 Opuſcula Almain,in ſententias,moralia, de poteſtate Eccleſiaſtica.
35 Moralia eiuſdem. Budæus & Eraſmus de contemptu. Hyperaſpiſtes,Diatribę Eraſmi. Eraſmus in orationem dominicam, Obſidio Papiæ.
36 De Aliaco in ſententias, & quædam alia.
37 Gabriel in ſententias.
38 Supplementum quarti Gabrielis.
39 De Arimino in primũ & ſecundũ ſententiarum.
40 Alphonſus Toletanus in primum ſententiarum.
41 Aegidius Romanus in primum ſententiarum.
42 Iohannes Maior in tertiũ & quartũ ſententiarũ.
43 Guliel. Altiſſiodorenſis in ſententias.
44 Marſilius Inguen in primũ & ſecundum ſentent.
45 Marſilius Inguẽ in tertium & quartũ ſententiarũ.
46 De nouo Caſtro in primum ſententiarum.
47 Adam Goddam in ſententias.
48 De Baſſolis in quartum ſententiarum.
49 Dionyſius Ciſterciẽſis in ſententias cum eiuſdem principiis.
50 Tartaretus in quartum Scoti.
51 Gulielmus Vorrillon in ſententias.
52 Holcot in ſententias. Conferentiæ. De imputabilitate peccati,& alia.
53 Thomas Atrebatenſis in ſententias.
54 Okam in ſentẽtias cum centilogio theologico.
55 Quolibeta Okam,& de ſacramento altaris.
56 Dialogi Okam. Epitome operis 90. dierum.
57 Martinus Magiſter de temperãtia & fortitudine.
58 Lib. 17. concluſionum theologicarum Bouilli.
59 De Traiecto in quartum ſententiarum. quolibeta eiuſdem & Iohannis Briaert.
60 Primus tomus ſummę Henrici de Gandauo.
61 Secundus tomus ſummę Henrici de Gandauo.
62 Quolibeta Henrici de Gandauo.
63 De Turre cremata, de Eccleſia domini.
64 Iſidorus de Iſolanis de imperio militãtis Eccleſię.
65 Auguſt. de Ancona, de Eccleſiaſtica poteſtate.
66 Armacanus de quęſtionibus Armenorum.
67 Conradus de contractibus.
68 Alexander de ſancto Elpodio de Eccleſiaſtica poteſtate.
69 Quęſtiones in Scoti ſententias, quolibeta, metaphyſicam,& alia.
Acceſſio.
70 Alphonſus Toletanus in primum ſententiarum

8. O mais antigo catálogo impresso de uma biblioteca institucional: *Tabula in Universum Indicans Libros Singularum Disciplinarum* (Paris, depois de 1549) (Paris, Bibliothèque Mazarine, ms. 4204).

Na história de uma grande biblioteca, as vicissitudes dos catálogos representam uma história específica, que no mais das vezes não se acredita que esteja marcada por descontinuidades de metodologia, de suporte e de classificação. A Bibliothèque Mazarine, por exemplo, durante o século e meio entre o inventário *post mortem* de Mazarino em 1661 e a Revolução Francesa, tomou a peito vários empreendimentos: cópias do inventário inicial com novas localizações dos livros; listas de suplementos; adaptação de dois exemplares do catálogo da Bodleian de 1674 (cf. Fig. 5) e, em seguida, de um exemplar do catálogo dos impressos da Bibliothèque du Roi (1739); novo catálogo metódico; catálogo alfabético por autores preparado por meio de fichas móveis...

A economia do impresso constitui a origem de novos tipos de catálogos, para fins comerciais, mas que desempenharam papel decisivo no desenvolvimento da *expertise* bibliográfica, inclusive "científica". Tanto do ponto de vista da produção quanto da conservação, o *corpus* dos catálogos comerciais de livros, a partir do século XV, é de uma amplitude sem igual medida em relação com os catálogos de biblioteca e as listas de livros impressos sem vocação comercial. Conquanto se dividam igualmente em gêneros – catálogos de acervo, de edições, de feira, de venda –, todos esses catálogos têm por função não a conservação, mas a circulação do livro, a configuração e a difusão da informação bibliográfica, e objetivam suscitar a cobiça e a demanda, à distância, dos consumidores e dos livreiros intermediários.

O catálogo de impressor-livreiro mais antigo que se conhece está ligado à primeira oficina tipográfica da história: foi impresso nos prelos de Peter Schoeffer, o antigo sócio de Gutenberg e de Johann Fust. Não constitui um autêntico catálogo de tipografia, cujo objetivo seria mostrar a produção exclusiva da oficina de Schoeffer em Mogúncia: essa lista impressa em 1469 ou 1470, descoberta na capa de um manuscrito da Bayerische Staatsbibliothek, no final do século XIX, apresenta-se sob a forma de uma folha in-fólio anopistógrafa de trinta linhas, e comporta dezenove títulos (Fig. 9)[10]. Pelo que o laconismo bibliográfico permita julgar (por exemplo: "*Primo pulcram bibliam in pergameno*"), os livros não provêm exclusivamente de Mogúncia, mas talvez também da oficina de Ulrich Zell, em Colônia. Esses testemunhos do comércio livreiro na época do incunábulo, que dependem mais do reclame ou da folha de anúncio (o *Gesamtkatalog* os reúne sob a categoria dos *Bücheranzeige*), raramente foram conservados, e os espécimes preservados apenas documentam aproximadamente uma prática mais ampla. Também se conhecem dois anúncios publicados pelo impressor Günther Zainer em Augsburg, um em 1471, para sete títulos, e outro para quinze títulos impressos no decorrer do ano de 1473[11]. Em Strasburg,

10. *Volentes sibi Comparare Infrascriptos Libros Magna cum Diligentia Correctos ac in Hujusmodi Littera Moguntiae Impressos...* [Mainz, Peter Schoeffer, depois de 1469]. München, BSB, Einbl. VIII-1m (ISTC is00320950; GW (Einbl) 1296).

11. ISTC iz00015000, GW (Einbl) 1557; ISTC iz00016500; GW (Einbl) 1561.

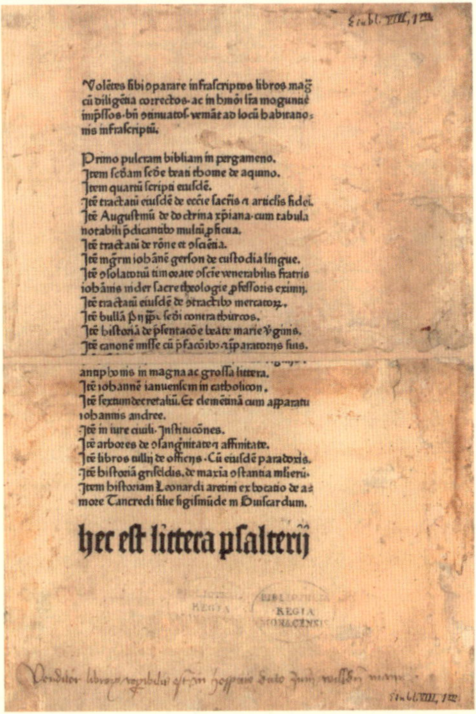
Volẽtes sibi cõparare infrascriptos libros mag̃
cũ diligẽtia correctos ac in hmõi lr̃a moguntiñ
impssos bñ cõtinuatos veniãt ad locũ habitatio-
nis infrascriptũ.

Primo pulcram bibliam in pergameno.
Item scd̃am scd̃e beati thome de aquino.
Item quartũ scripti eiusdẽ.
Itẽ tractatũ eiusdẽ de eccĩe sacr̃is et articlis fidei.
Itẽ Augustinũ de doctrina xp̃iana cum tabula
notabili p̃dicantibꝫ multũ pficua.
Itẽ tractatũ de rõne et cõsciẽtia.
Itẽ mg̃rm iohãnẽ gerson de custodia lingue.
Itẽ cõsolatoriũ timorate cõsciẽ venerabilis fratris
iohãnis nider sacre theologie pfessoris eximij.
Itẽ tractatũ eiusdẽ de cõtractibꝫ mercatorꝫ.
Itẽ bullã pij pp̃e scd̃i contra thurcos.
Itẽ historiã de psentacõe beate marie v̄ginis.
Itẽ canonẽ misse cũ p̃facõibꝫ et p̃paratorijs suis.
anthphonis in magna ac grossa littera.
Itẽ iohannẽ ianuensem in catholicon.
Itẽ sextum decretaliũ. Et clemẽtinã cum apparatu
iohannis andree.
Itẽ in iure ciuili. Institucõnes.
Itẽ arbores de cõsanguinitate et affinitate.
Itẽ libros tullij de officijs. Cũ eiusdẽ paradoxis.
Itẽ historiã griseldis. de maxia cõstantia mlierũ.
Item historiam Leonardi aretini ex bocatio de a-
more Tancredi filie sigismũde in Guiscardum.

hec est littera psalterij

9. O mais antigo catálogo de impressor-livreiro: *Volentes Sibi Comparare Infrascriptos Libros…* (Mainz, Peter Schoeffer, depois de junho de 1469) (Munich, Bayerische Staatsbibliothek).

Johannes Mentelin (1410?-1478) publicou também sob a forma de um placar, em 1473 ou 1474, um anúncio de seis linhas impressas, assinalando quatro livros que saíram de seus prelos. Estas listas, que por sua forma e seu modo de exposição podem lembrar os catálogos tabulares de biblioteca, continuam sendo no século XV documentos modestos, produzidos com rapidez, cujo caráter efêmero não garantiram a conservação. O último citado é conhecido por um único exemplar (BnF), impresso para teste ou economia no dorso de uma prova de outra edição de Mentelin[12]. Portanto, deve-se considerar esses primeiros catálogos de impressor-livreiro, que ainda não tinham adotado a forma de livro, como um desenvolvimento do *prospectus*, que o comércio

12. BnF, RLR, Rés. Q 174 (GW (Einbl) 1001; Claire Lesage, Eve Netchine et Véronique Sarrazin, *Catalogues de Libraires, 1473--1810*, Paris, BnF, 2006, n. 2090). Cumpre assinalar sobre o tema o estudo recente de Christian Coppens, "Marketing Early Printed Books: Publishers' and Booksellers' Advertisements and Catalogues", *De Gulden Passer*, 92, 2014, n. 2.

do livro impresso pratica pelo menos a partir de 1469[13].

Os catálogos são evidentemente fontes de primeira ordem para o exame das práticas comerciais dos livreiros, indispensáveis para apreender a circulação dos bens culturais e dos textos[14]. Nisso devem ser completados por outras listas, de caráter mais arquivístico, como os livros de conta: o do impressor Peter Drach em Speer, que abrange os anos de 1480 a 1503, assinala em cima dos títulos os preços dos livros e as despesas de expedição, e dá indicações sem equivalente sobre as clientelas e as etapas de distribuição[15]. Deve-se

13. Ainda Mentelin, em Strasburg: *prospectus* impresso em 1469 para uma edição da *Summa de Casibus Conscientiae* de Astesanus d'Asti (ISTC im00497300; GW (Einbl) 998, 999).

14. Véronique Sarrazin, "Les Pratiques Commerciales des Libraires Français au XVIIIe Siècle à la Lumière de Leurs Catalogues", em Claire Lesage *et al.*, *Catalogues de Libraires…*, pp. 26-28.

15. Dillingen, Studienbibliothek, XV-488, analisado por Ursula Rautenberg, "Buchhändlerische Organi-sationsformen in der Inkunabel- und Frühdruckzeit", em *Die Buchkultur im 15. und 16. Jahrhundert*, ed. Maximilian-Gesellschaft, Hamburg, 1999, pp. 360-362.

recordar que, para os séculos XV e XVI, os livros de conta deixados pela casa Plantin-Moretus em Antuérpia não têm equivalente.

Se o catálogo sob a forma de *placard* anopistógrafo não desaparece – é praticado regularmente pelos livreiros holandeses, suíços e franceses nos séculos XVI e XVII –, o catálogo de livreiro adota rapidamente uma forma de livro (composição em cadernos, página de rosto, advertência, índice dos autores) e integra inovações necessárias à esperada eficácia de um produto comercial. Com isso, deve-se reconhecer que ele apresenta em sua paginação um grau de estruturação (ou mesmo de normalização) geralmente mais sofisticado do que os catálogos de biblioteca e bibliografias eruditas contemporâneas: uso de três registros tipográficos para diferenciar as línguas (romano para o latim, itálico para o vernáculo romano e *Fraktur* para o vernáculo alemão); segmentação homogênea dos dados (autor e título, local de edição, editor, data, generalização do formato e colação); e espaço livre entre as seções impressas para o acréscimo de títulos manuscritos.

Distinguem-se tradicionalmente catálogos de feira (Fig. 10), de fundo (que assinalam a produção de uma única oficina tipográfica ou o estoque de um único impressor-livreiro) e de aquisições (que compreendem exemplares comprados de outros livreiros ou apenas trocados). E muitos editores praticaram ainda o catálogo integrado, composto de algumas folhas, eventualmente de um caderno inteiro e inserido no final de uma publicação. Quando compunha uma unidade codicológica distinta, podia facilmente ser "pendurado" aos exemplares de várias edições saídas da mesma oficina. Sua discrição (encadernado no final da obra e raramente assinalado no título) explica a indiferença a seu respeito da maioria das empresas de feitura de catálogos e sua subexploração.

Não se deve considerar que as práticas catalográficas dos livreiros e dos bibliotecários resultam de dois universos e de duas lógicas antinômicas ou indiferentes. As ligações interpessoais são recorrentes (que se pense em Naudé e Cramoisy): os livreiros e seus amanuenses são requisitados

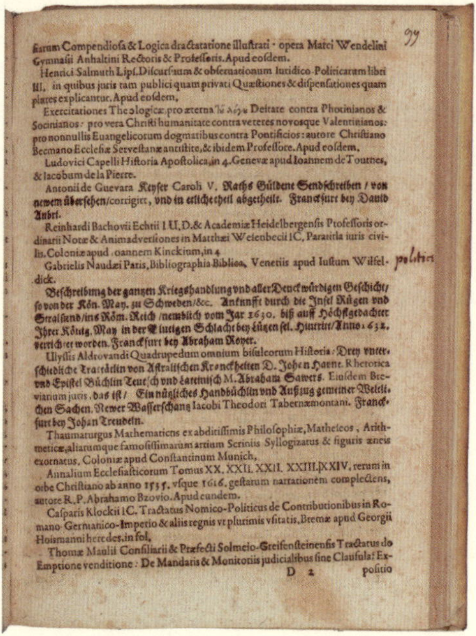
97

sarum Compendiosa & Logica dractatatione illustrati · opera Marci Wendelini Gymnasii Anhaltini Rectoris & Professoris. Apud eosdem.

Henrici Salmuth Lips. Discursuum & observationum Iuridico-Politicarum libri III. in quibus juris tam publici quam privati Quæstiones & dispensationes quam plures explicantur. Apud eosdem.

Exercitationes Theologicæ pro æterna τοῦ λόγου Deitate contra Photinianos & Socinianos: pro vera Christi humanitate contra veteres novosque Valentinianos: pro nonnullis Euangelicorum dogmatibus contra Pontificios: autore Christiano Becmano Ecclesiæ Servestanæ antistite, & ibidem Professore. Apud eosdem.

Ludovici Capelli Historia Apostolica, in 4. Genevæ apud Ioannem de Tournes, & Iacobum de la Pierre.

Antonii de Guevara Keyser Caroli V. Raths Güldene Sendschreiben / von newem übersehen/corrigirt, vnd in etliche theil abgetheilt. Franckfurt bey David Aubri.

Reinhardi Bachovii Echtii I.U.D. & Academiæ Heidelbergensis Professoris ordinarii Notæ & Animadversiones in Matthæi Wesenbecii IC. Paratitla iuris civilis. Coloniæ apud Ioannem Kinckium, in 4

Gabrielis Naudæi Paris. Bibliographia Biblica, Venetiis apud Iustum Wilfeldick. politica

Beschreibung der gantzen Kriegshandlung vnd aller Denckwürdigen Geschicht/ so von der Kön. May. zu Schweden/&c. Ankunfft durch die Insel Rügen vnd Stralsund/ins Röm. Reich / nemblich vom Jar 1630. biß auff Höchstgedachter Ihrer Königl. May. in der blutigen Schlacht bey Lützen sel. Hintritt/Anno 1632. verrichtet worden. Franckfurt bey Abraham Royer.

Ulyssis Aldrovandi Quadrupedum omnium bisulcorum Historia: Drey vnterschiedliche Tractätlin von Astralischen Kranckheiten D. Johan Harne. Rhetorica vnd Epistel Büchlin Teutsch vnd Lateinisch M. Abraham Sawers. Eiusdem Breviarium juris, das ist/ Ein nützliches Handbüchlin vnd Außzug gemeiner Weltlichen Sachen. Newer Wasserschatz Iacobi Theodori Tabernæmontani. Franckfurt bey Johan Treudeln.

Thaumaturgus Mathematicus ex abditissimis Philosophiæ, Matheseos, Arithmeticæ, aliarumque famosissimarum artium Scriniis Syllogizatus & figuris æneis exornatus. Coloniæ apud Constantinum Munich.

Annalium Ecclesiasticorum Tomus XX. XXII. XXII. XXIII. XXIV. rerum in orbe Christiano ab anno 1555. vsque 1616. gestarum narrationem complectens, autore R. P. Abrahamo Bzovio. Apud eundem.

Casparis Klockii IC. Tractatus Nomico-Politicus de Contributionibus in Romano Germanico-Imperio & aliis regnis vt plurimis vsitatis. Bremæ apud Georgii Hoismanni heredes, in fol.

Thomæ Maulii Consiliarii & Præfecti Solmeio-Greifensteinensis Tractatus de Emptione venditione: De Mandatis & Monitoriis judicialibus sine Clausula: Ex-

D 2 positio

10. Os catálogos das feiras de Frankfurt: *Catalogus Universalis pro Nundinis Francofurtensibus Autumnalibus de anno* m.dc. xxxiii..., Frankfurt, Sigismund Latomus, 1633 (Paris, Bibliothèque Mazarine, 4º-18625-7).

regularmente, a partir do século XVII, para elaborar tanto inventários judiciários, catálogos de venda quanto catálogos domésticos; e o bibliotecário deve muito a alguns livreiros dos séculos XVIII e XIX (Gabriel Martin, Guillaume-François Debure, Jacques-Charles Brunet…) o desenvolvimento de uma *expertise* especializada e a sofisticação descritiva do impresso antigo, raro e precioso[16]. Enfim, uma realidade essencialmente conhecida gerada pelos catálogos específicos, o gabinete de leitura, encontra-se na perfeita interseção entre a economia livreira e o serviço bibliotecário.

Se na Idade Média foram vendidos livros em leilão[17], os catálogos de venda impressos mais antigos datam do final do século XVI. O primeiro poderia ser o da biblioteca do bispo de Tarragona, Antonio Agustín (1517-1586), impresso após sua

16. Isso é menos verdade no que se refere ao manuscrito, à história da codicologia e aos catálogos de manuscritos que obedecem a uma tradição diferente.

17. Bert Van Selm, *Een menighte treffelijcke Boecken: Nederlandse boekhandelscatalogi in het begin van de zeventiende eeuw*, Utrecht, HES, 1987, p. 12.

morte[18]. Mas a falta de detalhes sobre as condições e a própria realidade da venda levam a assegurar a primazia, concedida por Pollard e Ehrman, ao catálogo dos livros do diplomata Philippe Marnix, barão de Sainte-Aldegonde (c. 1540-1598), cuja biblioteca se dispersou após a venda pública em Leyden, em julho de 1599. O catálogo, do qual se conservam pelo menos três exemplares, mostra uma menção explícita de venda (Fig. 11) no final deste importante volume de trinta folhas, no qual já são estabelecidos os dispositivos que irão caracterizar os catálogos de venda dos séculos seguintes: organização metódica, ordem dos pedidos que determinam a ordem da venda e anúncios no final de itens não livrescos que não são descritos individualmente (quadros, numismática, globos e instrumentos científicos)[19].

18. *Aeternae Memoriae viri Ant. Augustini, Archiepiscopi Tarraconen. Bibliothecae Graeca Manuscripta, Latina Manuscripta, Ex Libris Editis Variarum Linguarum*, Tarragone, Felipe Mey, 1586 [1587?].

19. *Catalogus Librorum Bibliothecæ Nobilissimi Clarissimique Viri Piæ Memoriæ D. Philippi Marnixii Sancto-Aldegondij. Catalogue van de Boecken des... Heeren... Philips van Marnix,*

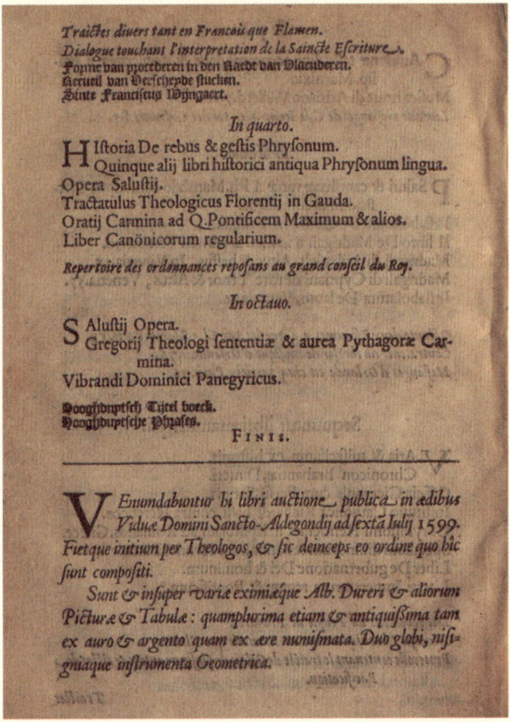

Traictes diuers tant en Francois que Flamen.
Dialogue touchant l'interpretation de la Saincte Escriture.
Forme van procederen in den Raedt van Vlaenderen.
Recueil van verscheyde stucken.
Sinte Franciscus Wyngaert.

In quarto.

HIstoria De rebus & gestis Phrysonum.
Quinque alij libri historici antiqua Phrysonum lingua.
Opera Salustij.
Tractatulus Theologicus Florentij in Gauda.
Oratij Carmina ad Q. Pontificem Maximum & alios.
Liber Canönicorum regularium.

Repertoire des ordonnances reposans au grand conseil du Roy.

In octauo.

SAlustij Opera.
Gregorij Theologi sententiæ & aurea Pythagoræ Carmina.
Vibrandi Dominici Panegyricus.

Hooghduytsch Tytel boeck.
Hooghduytsche Phrases.

FINIS.

VEnumdabuntur hi libri auctione publica in ædibus Viduæ Domini Sancto-Aldegondij ad sextā Iulij 1599. *Fietque initium per Theologos, & sic deinceps eo ordine quo hîc sunt compositi.*

Sunt & insuper variæ eximiæque Alb. Dureri & aliorum Picturæ & Tabulæ: quamplurima etiam & antiquißima tam ex auro & argento quam ex ære numismata. Duo globi, insigniaque instrumenta Geometrica.

11. *Catálogo de Venda da biblioteca de Philippe Marnix de Sainte-Aldegonde*, Leyden, 1599, f. H2v (Paris, Bibliothèque Interuniversitaire de Santé).

Este conjunto também pode ser objeto de subdivisões, de acordo com as modalidades da venda – no total, a varejo, em pacotes; por conciliação, ou ao adjudicatário – ou de particularidades de apresentação – avaliações impressas (raramente), numeração dos lotes. A porosidade entre os gêneros catalográficos está relacionada, em parte, com a permeabilidade das práticas: na Holanda, no final do século XVII, e mais tarde na França, os livreiros que praticam vendas públicas adicionam livros de seus fundos aos conjuntos procedentes de bibliotecas particulares, o que de certa maneira "infla" artificialmente seus catálo-

Leyden, Christophorus Guyot [para Louis Elzevier], 1599, in-4. Au f. H2v: "Venumdabuntur hi libri auctione publica in ædibus Viduæ Domini Sancto Aldegondii ad sextam Julii 1599...", Paris, Bibliothèque Interuniversitaire de Santé; Copenhague, Bibliothèque Royale; Amsterdam, Académie Royale. Pollard-Ehrman, p. 219. Ver B. Van Selm, *Een menighte treffelijcke Boecken...*, pp. 20-22; e Gerhard Loh, *Die europäischen Privatbibliotheken und Buchauktionen*, Leipzig, 1997-2003, 3 t. (*Internationale Bibliographie der Antiquariats-, Auktions- und Kunstkataloge*; 1-3), t. I, p. 2.

gos; este uso foi legalizado em Leyden em 1703, à razão de uma operação anual por livreiro[20]. Mas existem também catálogos de venda de coleções totalmente fictícios, que disfarçam um fundo de aquisições reunido por um livreiro, seja ele vendido a partir de uma determinada data, seja disperso em leilão numa data determinada.

Os catálogos de venda pública garantiram, a partir do início do século XVIII, a visibilidade do comércio do livro de segunda mão e a vitalidade do mercado de livros raros. Alguns livreiros que tendem a se especializar neste campo, como Pierre Gandouin (atuante em 1697-1743), Gabriel Martin II (ativo em 1700-1761) e Jean II Boudot (de 1706-1754), ou Guillaume-François Debure (entre 1732 e 1782), solidificaram o papel decisivo de Paris nesse mercado e ajudaram a desenvolver

20. Otto Lankhorst, "Les Catalogues du 'Magasin de l'Univers': Intérêt et Sauvegarde des Catalogues de Libraires Néerlandais de l'Ancien Régime", em *Le Livre Entre le Commerce et l'Histoire des Idées: Les Catalogues de Librairie (XVe-XIXe s.)*, ed. Annie Charon, Claire Lesage et Ève Netchine, Paris, École des Chartes, 2011, p. 14.

nele uma competência catalográfica nova, dando importância inédita aos exemplares, impondo a descrição sistemática de sua capa e integrando nos "metadados" doravante esperados do livro raro uma avaliação de sua raridade[21]. Esta prática dos catálogos de venda figura nas origens de um instrumento de trabalho e de coleção novo, o guia de livros raros, promovido por Debure, após um primeiro teste em 1755, com sua *Bibliographie instructive* (publicada a partir de 1763), que se assemelha a uma "flor" bibliográfica nascida do escrutínio de dezenas de catálogos.

A história da produção catalográfica, particularmente de livros, é, na verdade, estimulada por dois movimentos contraditórios: o da compilação e da integração, que gera catálogos coletivos, da unificação dos acessos (hoje pela recolha e pela interoperabilidade), e é assombrado pelo ideal de bibliografia universal; e o da seleção, que procede por redução e manifesta, desde o

21. Yann Sordet, s. v. "Bibliophilie", *Dictionnaire Encyclopédique du Livre...*, t. I, p. 285.

século XVII, um ideal de distinção. As listas que isolam numa coleção um número determinado de itens que fazem parte de uma catalogação distinta devem ser comparadas aos inventários de tesouros; elas assinalam curiosidades, cuja raridade é estabelecida notadamente pela frequentação do maior número possível de bibliotecas e de catálogos. Entre 1649 e 1651, Gabriel Naudé elaborou três listas sucessivas deste tipo, extremamente seletivas, da enorme biblioteca de seu mestre Mazarino. Claude Du Molinet, na abadia Sainte-Geneviève, é o autor de uma lista dessas, que ele diz ter feito para seu uso e concordou em mandar imprimir por solicitações de amigos, como que para justificar essa prática que não correspondia às exigências fundamentais de uma grande biblioteca conventual[22]: as rubricas desse pequeno catálogo de livros raros particularmente precoce são, por sua vez, extravagantes em relação às práticas metódicas da

22. *Tractatus Singulares Bibliothecae s. Genovefae Parisiensis: De Rebus Sacris, Antiquis, Physicis*, Paris, 1681.

época, ressaltando, fora de qualquer hierarquia, conjuntos também anedóticos (para o bibliotecário) e sedutores (para o antiquário), como a heterodoxia, a numismática, as vestimentas, os jogos, a gastronomia, a enologia ou os fósseis. Logo, no século XVIII, esse processo de "distinção" dos livros legitimamente colecionáveis no universo dos impressos acompanha a afirmação de uma *expertise* catalográfica específica e vai definir uma "boa descrição" do livro raro, inseparável de uma "boa identificação"[23].

Finalmente, às margens deste panorama das listas de livros, devem-se considerar as bibliografias propriamente ditas, que constituem um gênero científico em si, objeto de numerosas ramificações (gerais, especializadas, correntes, nacionais etc.) cuja geografia tem sido por muito

23. "É bastante difícil descrever em bons termos uma obra rara & curiosa" (Jean-Baptiste Née de la Rochelle, "Discours sur la Science Bibliographique et Sur les Devoirs du Bibliographe", em *Bibliographie Instructive, Tome Dixième...*, Paris, 1782, p. XXII).

tempo o núcleo da formação do bibliotecário[24]. O que caracteriza a bibliografia é uma vocação de exaustão sobre o *corpus* que ela definiu como seu campo de cobertura, e uma libertação de princípio de toda coleção física, mesmo quando listas, inventários e catálogos constituíram a fonte essencial de sua elaboração. Ela cobre finalmente um *corpus* imaterial, o dos textos ou das edições, quaisquer que sejam a localização ou o estado de conservação dos exemplares que servem de testemunho. O *De Scriptoribus Ecclesiasticis,* de Johann Tritheim (Basileia, 1494), bastante difundido na Europa renascentista, constitui o primeiro repertório bibliográfico impresso, cujo conteúdo e paginação manifestam um interesse

24. Três obras continuam clássicos fundamentais para apreender a história do gênero na era do impresso: a do grande especialista em Voltaire, Theodore Besterman, *World Bibliography of Bibliographies*, várias vezes atualizada desde a primeira edição (London, 1939-1940); o *Manuel de Bibliographie*, de Louise-Noëlle Malclès (1. ed., Paris, PUF, 1963); e a monumental *Storia della Bibliografia*, de Alfredo Serrai (Roma, Bulzoni, 1988-2001).

fundamental pelo conceito de autor (ordem cronológica, precedida de um índice alfabético, Fig. 12). O primeiro empreendimento universal é a *Bibliotheca Universalis* de Conrad Gesner (1545), uma recensão alfabética à qual o autor acrescenta, alguns anos mais tarde, uma grade de leitura metódica com suas *Pandectes* (1548-1549), compostas com base num complexo de lugares--comuns de tendência universal. Em menos de um século da invenção da tipografia com caracteres metálicos móveis, Gesner diagnostica uma mudança de escala na produção e na disponibilidade dos textos. Essa expansão sem precedente do universo escrito é geradora ao mesmo tempo de uma vertigem[25] e de um desejo ambicioso de domínio da catalogação que, tanto em sua intenção quanto em seu andamento, não está

25. "Res plane infinita est: prodeunt novi & innumeri subinde libri; et ut nulli prodirent quae tandem aetas omnibus veterum legendis... sufficeret", Conrad Gesner, "Praefatio", em *Pandectarvm Sive Partitionum Uniuersalium... Libri* XXI, Zürick, Froschauer, 1548, f. *4.

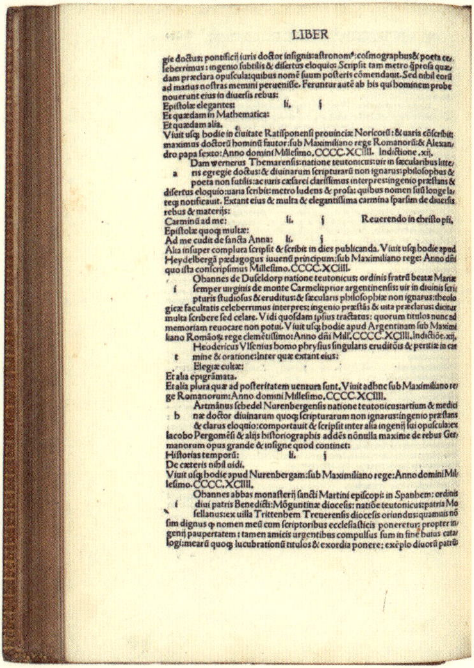
LIBER

gie doctus: pontificij iuris doctor insignis: astronom*: cosmographus & poeta celeberrimus: ingenio subtilis & disertus eloquio: Scripsit tam metro q̃ prosa quaedam praeclara opuscula: quibus nomẽ suum posteris cõmendauit. Sed nihil eorũ
ad manus nostras memini peruenisse. Feruntur autẽ ab his qui hominem probe
nouerunt eius in diuersis rebus:
Epistolae elegantes: li. j
Et quaedam in Mathematica:
Et quaedam alia.
Viuit usq; hodie in ciuitate Ratisponensi prouinciae Noricorũ: & uaria cõscribit:
maximus doctorũ hominũ fautor: sub Maximiliano rege Romanorũ: & Alexan-
dro papa sexto: Anno domini Millesimo. CCCC. XCIIII. Indictione. xij.
a Dam wernerus Themarensis: natione teutonicus: uir in saecularibus litte-
ris egregie doctus: & diuinarum scripturarũ non ignarus: philosophus &
poeta non futilis: ac iuris caesarei clarissimus interpres: ingenio praestans &
disertus eloquio: uaria scribit: metro ludens & prosa: quibus nomen suũ longe la-
teq; notificauit. Extant eius & multa & elegantissima carmina sparsim de diuersis
rebus & materijs:
Carminũ ad me: li. j Reuerendo in christo pri.
Epistolae quoq; multae:
Ad me cudit de sancta Anna: li. j
Alia insuper complura scripsit & scribit in dies publicanda. Viuit usq; hodie apud
Heydelbergã paedagogus iuuenũ principum: sub Maximiliano rege: Anno dñi
quo ista conscripsimus Millesimo. CCCC. XCIIII.
i Obannes de Duseldorp natione teutonicus: ordinis fratrũ beatae Mariae
semper uirginis de monte Carmeli: prior argentinensis: uir in diuinis scri-
pturis studiosus & eruditus: & saecularis philosophiae non ignarus: theolo-
gicae facultatis celeberrimus interpres: ingenio praestãs & uita praeclarus: dicitur
multa scribere sed celare. Vidi quosdam ipsius tractatus: quorum titulos nunc ad
memoriam reuocare non potui. Viuit usq; hodie apud Argentinam sub Maximiliano Romãoꝝ rege clemẽtissimo: Anno dñi Mill. CCCC. XCIIII. Indictiõe. xij.
t Heodericus Vlsenius homo phrysius singularis eruditõis & peritiae in car-
mine & oratione: Inter quae extant eius:
Elegiae cultae:
Et alia epigrãmata.
Et alia plura quae ad posteritatem uentura sunt. Viuit adhuc sub Maximiliano rege Romanorum: Anno domini Millesimo. CCCC. XCIIII.
b Artmãnus schedel Nurenbergensis natione teutonicus: artium & medici-
nae doctor diuinarum quoq; scripturarum non ignarus: ingenio praestans
& clarus eloquio: comportauit & scripsit inter alia ingenij sui opuscula: ex
Iacobo Pergomẽsi & alijs historiographis addẽs nõnulla maxime de rebus Ger-
manorum opus grande & insigne quod continet:
Historias temporũ: li. j
De caeteris nihil uidi.
Viuit usq; hodie apud Nurenbergam: sub Maximiliano rege: Anno domini Millesimo. CCCC. XCIIII.
i Obannes abbas monasterij sancti Martini episcopi: in Spanhem: ordinis
diui patris Benedicti: Mõguntinae diocesis: natiõe teutonicus: patria Mo-
sellanus: ex uilla Trittenhem Treuerensis diocesis oriundus: quamuis nõ
sim dignus q nomen meũ cum scriptoribus ecclesiasticis poneretur: propter ingenij paupertatem: tamen amicis urgentibus compulsus sum in fine huius cata-
logi: mearũ quoq; lucubrationũ titulos & exordia ponere: exẽplo diuorũ patrũ

12. A primeira bibliografia impressa (1494): Johann Tritheim, *De Scriptoribus Ecclesiasticis*, ed. Johann Heynlin de Lapide. – Basel, Johann Amerbach [depois de 28 de agosto de 1494] (Paris, Bibliothèque Mazarine, Inc 797-1).

afastado dos trabalhos de inventário descritivo que Gesner consagrou ao mundo animal. Mas um exame rápido leva com demasiada frequência a apresentar a *Bibliotheca Universalis* como um empreendimento fundador da bibliografia do impresso. O universo que Gesner apreendeu é composto de fato por entidades heterogêneas. O perímetro de uma nota, em sua redação e em sua paginação, é constituído tanto de uma edição propriamente dita quanto de textos cujas cópias manuscritas ele não viu nem conheceu, e que nem ele mesmo sabe se foram impressos ou não. A comparação entre as notas consagradas à edição *princeps* de Saxo Grammaticus e às cartas de Temístocles é eloquente (Fig. 13 e Fig. 14). A primeira mostra uma segmentação em "campo", integrando endereço bibliográfico e elementos de colação, bastante representativo do rigor tipográfico aplicado às notas das edições impressas. A segunda assinala vagamente um texto de acordo com uma fonte secundária (*Themistocles Atheniensis Scripsit Epistolas Gravitate Plenas.* Suidas), sem referência a uma manifestação manuscrita ou impressa[26].

Cumpre ainda relatar um documento estranho, no campo da biobibliografia prospectiva, no caso um *placard* incunábulo cujo título é, logicamente, formulado no futuro: *Haec Opera Fient in Oppido Nuremberga Germaniae Ductu Joannis de Monteregio*. São livros que o astrônomo Johannes Regiomontanus (1436-1476) tinha planos de publicar. Esta lista programática impressa em 1473 ou 1474 anuncia uns cinquenta títulos projetados, mapas geográficos, novas edições ou traduções (*Elementos* de Euclides, tratado das *Cônicas* de Apolônio de Perga...) e indica as obras cuja publicação é iminente (*Haec duo opera iam prope absoluta sunt*)[27].

26. E, de fato, as cartas atribuídas a Temístocles permaneceram de difícil acesso antes da edição feita por Giovanni Matteo Caryofilo em Roma, em 1626, a partir de um manuscrito do Vaticano.

27. ISTC ir00091800. Wolfgang von Stromer, "Hec opera fient in oppido Nuremberga Germanie ductu Ioannis de Monteregio: Regiomontanus und Nürnberg 1471-1475",

13. Conrad Gesner, *Bibliotheca Universalis*, Zürich, 1545, f. 591v (Paris, Bibliothèque Mazarine).

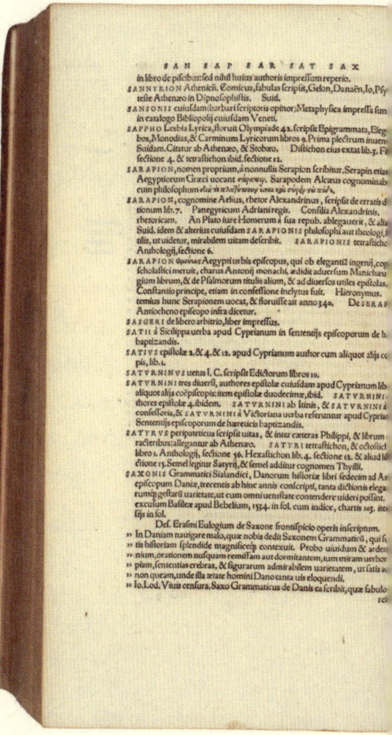
SAN SAP SAR SAT SAX
in libro de piscibus: sed nihil huius authoris impressum reperio.
SANNYRION Atheniẽ. Comicus, fabulas scripsit, Gelon, Danaën, Io, Psy
teste Athenæo in Dipnosophistis. Suid.
SANSONIS cuiusdam (barbari scriptoris opinor) Metaphysica impressa sun
in catalogo Bibliopolij cuiusdam Veneti.
SAPPHO Lesbia Lyrica, floruit Olympiade 42. scripsit Epigrammata, Eleg
bos, Monodias, & Carminum Lyricorum libros 9. Prima plectrum inuen
Suidam. Citatur ab Athenæo, & Stobæo. Distichon eius extat lib. 3. F
sectione 4. & tetrastichon ibid. sectione 12.
SARAPION, nomen proprium, à nonnullis Serapion scribitur. Serapin etia
Aegyptiorum Græci uocant [illegible]. Sarapodem Alcæus cognominab
cum philosophum [illegible],
SARAPION, cognomine Aelius, rhetor Alexandrinus, scripsit de erratis d
tionum lib. 7. Panegyricum Adriani regis. Consilia Alexandrinis.
rhetoricam. An Plato iure Homerum à sua repub. ablegauerit, & ali
Suid. idem & alterius cuiusdam SARAPIONIS philosophi aut theologi,
tilis, ut uidetur, mirabilem uitam describit. SARAPIONIS tetrastich
Anthologij, sectione 6.
SARAPION [illegible] Aegypti urbis episcopus, qui ob elegantiã ingenij, cog
scholastici meruit, charus Antonij monachi, ædidit aduersum Manichæ
gium librum, & de Psalmorum titulis alium, & ad diuersos utiles epistolas.
Constantio principe, etiam in confessione inclytus fuit. Hieronymus.
temius hunc Serapionem uocat, & floruisse ait anno 340. De SERA
Antiocheno episcopo infra dicetur.
SASGERI de libero arbitrio, liber impressus.
SATII à Sicilippa uerba apud Cyprianum in sententijs episcoporum de h
baptizandis.
SATIVS epistolæ 2. & 4. & 12. apud Cyprianum author cum aliquot alijs c
pis, lib. 1.
SATVRNINVS uetus I. C. scripsit Edictorum libros 10.
SATVRNINI tres diuersi, authores epistolæ cuiusdam apud Cyprianum lib
aliquot alijs coëpiscopis: item epistolæ duodecimæ, ibid. SATVRNINI
thores epistolæ 4. ibidem. SATVRNINI ab Itinis, & SATVRNINI à
confessoris, & SATVRNINI à Victoriana uerba referuntur apud Cypria
Sententijs episcoporum de hæreticis baptizandis.
SATYRVS peripateticus scripsit uitas, & inter cæteras Philippi, & librum
racteribus: allegantur ab Athenæo. SATYRI tetrastichon, & octostic
libro 1. Anthologij, sectione 36. Hexastichon lib. 4. sectione 12. & aliud li
ctione 15. Semel legitur Satyri, & semel additur cognomen Thylli.
SAXONIS Grammatici Sialandici, Danorum historiæ libri sedecim ad A
episcopum Daniæ, trecentis ab hinc annis conscripti, tanta dictionis elega
rumq; gestarũ uarietate, ut cum omni uetustate contendere uideri possint.
excusum Basileæ apud Bebelium, 1534. in fol. cum indice, chartis 103. ite
sijs in fol.
Des. Erasmi Eulogium de Saxone frontispicio operis inscriptum.
» In Daniam nauigare malo, quæ nobis dedit Saxonem Grammaticũ, qui s
» tis historiam splendide magnificeq; contexuit. Probo uiuidum & arden
» nium, orationem nusquam remissam aut dormitantem, tum miram uerbor
» piam, sententias crebras, & figurarum admirabilem uarietatem, ut satis a
» non queam, unde illa ætate homini Dano tanta uis eloquendi.
» Io. Lod. Viuis censura. Saxo Grammaticus de Danis ea scribit, quæ fabulo
re

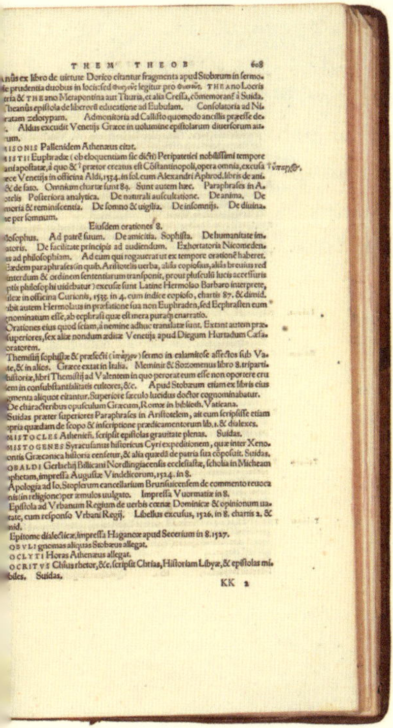

THEM THEOB 608
nûs ex libro de uirtute Dorico citantur fragmenta apud Stobæum in sermo.
le prudentia duobus in locis: sed [illegible] legitur pro [illegible]. THEANO Locris
tria & THEano Metapontina aut Thuria, et alia Cressa, cómemoranť à Suida.
Theanûs epistola de liberorū educatione ad Eubulam. Consolatoria ad Ni.
ratam zelotypam. Admonitoria ad Callisto quomodo ancillis præesse de.
. Aldus excudit Venetijs Græce in uolumine epistolarum diuersorum au.
rum.
ISONIS Pallenidem Athenæus citat.
ISTII Euphradæ (ob eloquentiam sic dicti) Peripatetici nobilissimi tempore
ani apostatæ, à quo & † prætor creatus est Cōstantinopoli, opera omnia, excusa † [illegible]
ræce Venetijs in officina Aldi, 1534. in fol. cum Alexandri Aphrod. libris de ani.
& de fato. Omnium chartæ sunt 84. Sunt autem hæc. Paraphrases in A.
otelis Posteriora analytica. De naturali auscultatione. De anima. De
moria & reminiscentia. De somno & uigilia. De insomnijs. De diuina.
ne per somnum.
Eiusdem orationes 8.
losophus. Ad patrē suum. De amicitia. Sophista. De humanitate im.
atoris. De facilitate principis ad audiendum. Exhortatoria Nicomeden.
is ad philosophiam. Ad eum qui rogauerat ut ex tempore orationē haberet.
Eædem paraphrases (in quib. Aristotelis uerba, aliâs copiosius, aliâs breuius red
interdum & ordinem sententiarum transponit, prout plusculū lucis accessuris
ptis philosophi uidebatur) excusæ sunt Latine Hermolao Barbaro interprete,
ileæ in officina Curionis, 1535. in 4. cum indice copioso, chartis 87. & dimid.
ibit autem Hermolaus in præfatione sua non Euphraden, sed Ecphrasten eum
gnominatum esse, ab ecphrasi quæ est mera puraq; enarratio.
Orationes eius quod sciam, à nemine adhuc translatæ sunt. Extant autem præ.
superiores, sex aliæ nondum æditæ Venetijs apud Diegum Hurtadum Cæsa.
oratorem.
Themistij sophistæ & præfecti ([illegible]) sermo in calamitose affectos sub Va.
te, & in alios. Græce extat in Italia. Meminit & Sozomenus libro 8. triparti.
historiæ, libri Themistij ad Valentem in quo perorat eum esse non oportere cru
lem in consubstantialitatis cultores, &c. Apud Stobæum etiam ex libris eius
gmenta aliquot citantur. Superiore sæculo lucidus doctor cognominabatur.
De characteribus opusculum Græcum, Romæ in biblioth. Vaticana.
Suidas præter superiores Paraphrases in Aristotelem, ait eum scripsisse etiam
opria quædam de scopo & inscriptione prædicamentorum lib. 1. & dialexes.
MISTOCLES Athenień. scripsit epistolas grauitate plenas. Suidas.
MISTOGENES Syracusanus historicus Cyri expeditionem, quæ inter Xeno.
ontis Græcanica historia censetur, & alia quædā de patria sua cōposuit. Suidas.
OBALDI Gerlachij Billicani Nordlingiacensis ecclesiastæ, scholia in Micheam
phetam, impressa Augustæ Vindelicorum, 1524. in 8.
Apologia ad Io. Stoplerum cancellarium Brunsuicensem de commento reuoca
nis (in religione) per æmulos uulgato. Impressa Vuormatiæ in 8.
Epistola ad Vrbanum Regium de uerbis cœnæ Dominicæ & opinionum ua.
tate, cum responso Vrbani Regij. Libellus excusus, 1526. in 8. chartis 2. &
nid.
Epitome dialecticæ, impressa Haganoæ apud Secerium in 8. 1527.
OBVLI gnomas aliquas Stobæus allegat.
OCLYTI Horas Athenæus allegat.
OCRITVS Chius rhetor, &c. scripsit Chrias, Historiam Libyæ, & epistolas mi.
biles. Suidas.
KK 2

14. Conrad Gesner, *Bibliotheca Universalis*, Zürich, 1545, f. 608 (Paris, Bibliothèque Mazarine).

Por não ser fechada, essa tipologia das listas esboçadas para a história do livro ocidental é necessária para o entendimento do catálogo. O contexto de sua redação, sua vocação inicial, a cultura e a ciência bibliográfica de seus produtores e as restrições conjunturais (econômicas, técnicas, legais) determinam em grande parte seu conteúdo e sua forma, mas também os recursos e os limites de sua investigação pelo historiador.

em *Regiomontanus-Studien*, ed. Günther Hamann, Wien, 1980, pp. 267-289; Juliane Trede, "Ein Drucker plant sein Angebot", em *"Als die Lettern laufen lernten": Medienwandel im 15. Jahrhundert: Inkunabeln aus der Bayerischen Staatsbibliothek München*, dir. Bettina Wagner, Wiesbaden, Reichert, 2009, n. 79 (*Ausstellungskataloge Bayerischen Staatsbibliothek München*; 81).

IV

MATERIALIDADE, CONSTRUÇÃO, PAGINAÇÃO

No quadro de uma história geral dos suportes do escrito e dos objetos documentais, a história particular do catálogo é marcada por três orientações:

– a normalização, imposta pela natureza repetitiva da informação que ele consigna;

– a predisposição a uma manipulação específica (necessidade mais ou menos permanente de administrar dois acessos concorrentes, um "contínuo" e o outro "discreto", retomando os termos da topologia dos sistemas de informação);

– a vontade de fazer com que se achem em relação à lógica topográfica de uma coleção e à lógica heurística da organização e da classificação dos dados bibliográficos.

As soluções implantadas dependem naturalmente dos suportes, cuja evolução (do códex ao *cloud,* passando pela ficha) pode ser interpretada como um esforço permanente de conciliação e de eficácia desses objetivos. Tabuinha de argila, inscrição, coleção de *volumina* como as *Pínakes* de Calímaco, *rotulus* como o primeiro catálogo (perdido) da abadia de Reichenau, códex manuscrito ou impresso, lista integrada num livro-suporte, *placard* e sistemas móveis (fichas) manuscritos, datilográficos, mecanográficos e depois desmaterializados: o catálogo tem uma dupla materialidade, ligada, de um lado, a seu suporte e, de outro, à disposição gráfica das informações catalográficas.

Muitos inventários integrados num manuscrito-suporte (ou manuscrito-contexto) não tiveram existência física independente. É o caso das listas catalográficas mais antigas que se conservaram (século IX, cf. Fig. 6). Mesmo composto em separado, pode ser que o catálogo tenha sido integrado posteriormente a uma outra entidade codicológica, como aconteceu com as listas de livros da capela de Jerusalém em Bruges, elaboradas no século XV e no início do XVI em folhas independentes e, depois, integradas no cartulário da capela[1]. Essa prática do "inventário de livros no livro" não teve razão para ser interrompida na era do impresso. Mas não se questionou bastante sobre a natureza dos suportes e sua eventual predisposição – com exceção das oportunidades materiais ligadas à presença de folhas brancas – para acolher catálogos manuscritos. Destarte, Ambrogio Fenegro (falecido *c.* de 1552), capelão do Duomo de Milão, elaborou à mão o catálogo doméstico de sua biblioteca na última folha de um incunábulo, logo depois do *explicit* impresso. Este inventário foi editado recentemente, mas não se devia questionar o fato de ter sido transmitido por um exemplar do *Speculum historiale* de Vincent de Beauvais, enciclopédia cronológica de sucesso estabelecida, por sua

1. *Corpus Catalogorum Belgii: The Medieval Booklists of the Southern Low Countries* – 1: *Province of West Flanders*, 2. ed., ed. Albert Derolez & Benjamin Victor, Bruxelles, Koninklijke Academie voor wetenschappen, letteren en schone kunsten van België, 1997, n. 1-5, pp. 18-25.

vez, num repertório de obras históricas e literárias representadas por numerosos extratos?[2] O mesmo questionamento deve ser aplicado aos impressores--livreiros que costumam inserir catálogos de seu acervo no final de suas publicações.

A tipografia introduziu na forma de catálogos desenvolvimentos importantes, e não só em função da mudança de escala da produção livresca. Sabe-se que o aparecimento e o desenvolvimento do impresso contribuíram enormemente para a categorização das obras e para a afirmação da noção de gênero. O fenômeno, que afeta uma forma ou dispositivos tipográficos privilegiados com um conteúdo e um uso, poupa os catálogos na medida em que eles atendem a necessidades específicas e buscam a eficácia. O catálogo tornou-

2. Strasburg, Mentelin e Rusch, *c.* 1473 (ISTC iv00282000), Dongo, Biblioteca do convento Santa Maria del Fiume, CVII 1-2, catálogo editado por Giancarlo Petrella, *L'Oro di Dongo, Ovvero per una Storia del Patrimonio Librario del Convento dei Frati Minori di Santa Maria del Fiume (con il Catalogo degli Incunaboli)*, Firenze, Olschki, 2012 (Biblioteca di Bibliografia Italiana; 195), pp. 41-49.

-se um documento em si, um projeto editorial autônomo, num dispositivo próprio que se beneficia da sofisticação da paginação tipográfica (parágrafo, alternância de corpo e de caixa, sequencialização dos elementos por iniciais ou mudanças de justificação e normalização da pontuação)[3].

O catálogo é também um documento que se constrói e cuja gênese deve ser reconstituída. É evidente que, para os catálogos de biblioteca, sua forma nativa seja manuscrita ou impressa: feito para, na época, servir a uma coleção, eles registram evoluções que não foram forçosamente antecipadas. *Marginalia*, interfoliação, papeizinhos e aparas, suplementos externos...: soluções materiais diferentes foram concebidas para integrar as mudanças temporais ou espaciais de uma coleção. Mas, a montante dessa vida corrente do catálogo, sua construção inicial merece

3. Sobre essas questões, ver *La Naissance du Livre Moderne: Mise en Page et Mise en Texte du Livre Français (XVIe-XVIIe Siècles)*, dir. Henri-Jean Martin, Paris, Éditions du Cercle de la Librairie, 1999, embora essa obra não aborde diretamente o gênero catalográfico.

exame. Assim, a observação do papel dos cento e setenta e oito cadernos que compõem o inventário *post mortem* da Bibliothèque de Mazarine (Fig. 15) permite conjecturar a forma como o empreendimento foi conduzido e a disposição no espaço dessa coleção sem igual no século XVII. Inversamente, ainda não se explica de modo convincente a existência das quatro fases por que passou a impressão do catálogo de venda da biblioteca de Nicolas Heinsius em 1682, uma das maiores coleções eruditas privadas de sua época[4].

A ficha, por sua mobilidade, oferece retrospectivamente consideráveis vantagens técnicas, não só para a construção do catálogo, mas, sobretudo, para a sua perenidade. Ora, essa segunda vocação não demorou a se impor. Antes de meados do século XVIII, a ficha e o fichário permanecem na

4. Pollard-Ehrman, pp. 241-242; John A. Sibbald, "The Heinsiana: Almost a Seventeenth-century Universal Short Title Catalogue", em *Documenting the Early Book World, Inventories and Catalogues in Manuscript and Print*, ed. Malcolm Walsby, Leyden/Boston, Brill, 2013, p. 154.

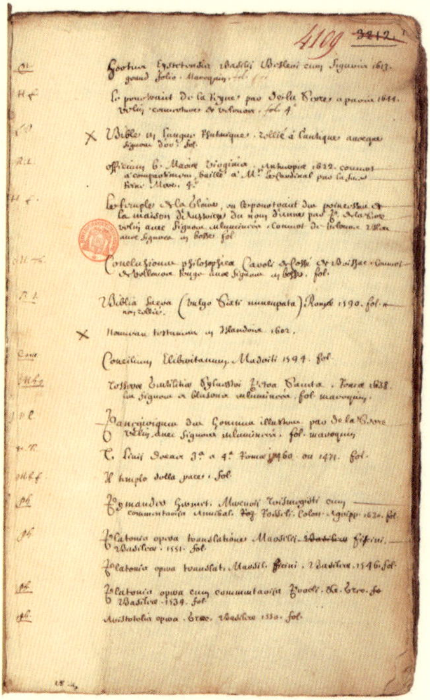

15. Inventário *post mortem* da Biblioteca de Mazarino, 1661-1662 (Paris, Bibliothèque Mazarine, ms. 4109-4111).

sombra do livro; postos no canto da oficina pessoal do escritor, do filósofo ou do bibliógrafo, eles servem de andaime transitivo e ilegítimo para o material documental do usuário; constituem as formas mais elementares das coletâneas de *excerpta*, ferramentas indispensáveis e geralmente invisíveis do trabalho intelectual. Gesner mostrou nas *Pandectes* seu método de fabricação, revelando um uso sem dúvida universal entre os humanistas: as notas tomadas durante a leitura devem ser segmentadas – uma ideia ou um conceito por linha – e, em seguida, divididas em itens; dando-lhes mobilidade, estas fichas ou bandeirolas (*schedula*) são reclassificadas até que atinja a ordem de conclusão; restitui-se fixidez ao sistema obtido, por cópia ou por colagem, ou então ligando as fichas com fios, o que possibilitará manter uma mobilidade possível na perspectiva de uma nova organização ou da preparação de uma obra nova[5]. O método proposto século e meio mais tarde por Vincentius Placcius em seu

5. Conrad Gesner, *Pandectarvm*..., f. 19v-20 (capítulo "De Indicibus Librorum").

De arte excerpendi (1689) não é muito diferente, a não ser o conselho de confeccionar verdadeiros *libri excerptorum*, encapando as fichas para dar-lhes o aspecto de um bloco-texto (Fig. 16)[6]. Placcius recorreu certamente a esse modo de construir para preparar suas obras de tipo catalográfico, porque ele foi também bibliógrafo e publicou um repertório de anônimos e pseudônimos amplamente utilizado em sua época.

Todavia, esses objetos não podem ser considerados, em suas intenções, tentativas de hibridação entre o *codex* e o fichário[7]. Não estão muito longe da coletânea pessoal de *excerpta* ou de *adversaria*, nem da documentação de autor em geral, cuja organização é sujeita a hábitos de trabalho individuais e que cumprem uma função intermediária e logística na atividade de produção

6. Vincentius Placcius (1642-1699), *De Arte Excerpendi "vom belahrten Bucchhalten" Liber Singularis...*, Stockholm/ Hamburg, G. Liebezeit, 1689, p. 67.

7. Contrariando a interpretação de Marcus Krajewski, *Paper Machines: About Cards & Catalogs, 1548-1929*, Cambridge (Mass.), MIT Press, 2011, p. 18.

16. Vincentius Placcius, *De Arte Excerpendi*, Stockholm; Hamburg, 1689, p. 67 (Bibliothèque de Besançon).

do pensamento e dos textos. De resto, do século XVI ao XX, a forma dessas documentações de autor parece evoluir pouco no plano material[8]. O aparecimento dos processos datilográficos e de reprodução individuais nada muda em sua organização; somente o desenvolvimento dos ambientes numéricos de trabalho introduzirá um transtorno em sua economia.

8. A comparação dos fichários de trabalho de numerosos intelectuais alemães do final do século XVIII ao início do XXI, realizada em 2013 pelo Deutsches Literaturarchiv de Marbach, mostra, com efeito, ao mesmo tempo a banalidade e a extrema e natural diversidade (gráfica, de formato, de conteúdo, de condicionamento...) desses arquivos. É de lamentar que a obra que acompanhou a exposição tenha priorizado o fetichismo estético em vez de uma verdadeira pesquisa sobre a materialidade das práticas documentais dos filósofos (Hans Robert Jauß ou Walter Benjamin), escritores (Jean Paul ou Winfried Georg Sebald), sociólogos (Nicolas Luhman), jornalistas (Kurt Pinthus) ou historiadores da arte (Martin Warnke ou Aby Warburg) representados: *Zettelkästen. Maschinen der Phantasie* [exposição, Literaturmuseum der Moderne, Marbach, 4 de março-15 de setembro de 2013], dir. Heike Gfrereis e Ellen Strittmatter, Marbach, Deutsche Schillergesellschaft, 2013 (Marbacher Kataloge; 66).

No estado atual de nossos conhecimentos, o fichário catalográfico parece mais o resultado de experimentos realizados em algumas bibliotecas "públicas" ou institucionais a partir do século XVIII, para tornar perenes as fichas ou notas volantes, até então rascunhos não conservados dos *catálogos-códices*. Cada ficha torna-se potencialmente um tijolo de um edifício catalográfico daí por diante suscetível dos mesmos movimentos que a coleção para a qual é usada. Essa evolução trouxe consequências sobre a normalização do texto catalográfico, levando progressivamente a apertar a nota bibliográfica, entidade elementar do organismo global, em torno da unidade bibliográfica (edição). Nessa história, merecem destaque quatro iniciativas: a de Pierre Desmarais na biblioteca do Collège Mazarin, que nas décadas de 1730 ou de 1740 sistematiza o dorso de cartas de baralho para servir como descrições bibliográficas, sempre destinadas a serem, no final, transcritas em *catálogos-códices*; a de Paolo Maria Paciaudi na Biblioteca Palatina de Parma, que concebe um catálogo *definitivo* sobre fichas na década de 1760; a de Pierre Pinçon na nova Bibliothèque de Sainte-Geneviève, em 1851, que, com o catálogo "capsentético", inventou o fichário de vareta (Fig. 17); e, finalmente, a de Ezra Abbott na biblioteca de Harvard, em 1861, que racionaliza um dispositivo que se estende rapidamente ao conjunto das bibliotecas americanas, adapta-se com uma obviedade fulgurante à maioria dos domínios da sociedade (indústria, administração...) e gera, ao mesmo tempo, uma economia *ad hoc* (mobiliário de aço ou de madeira, pouco depois processos datilográficos e reprográficos específicos) e uma padronização sem precedentes cuja manifestação mais emblemática é a ficha de "formato internacional" de 1925.

Para a busca dos livros e dos textos, a passagem da ficha de papel para a nota informatizada de um OPAC (Online Public Access Catalogue) é, paradoxalmente, parte de uma singular continuidade, por desenvolver a eficácia de um dispositivo contido em embrião no fichário: intercalação infinita; atualização em tempo real da descrição da coleção; ubiquidade possível

17. Catálogo "capsentético",
Bibliothèque Sainte-Geneviève, 1851.

Commentateurs protestants.
In-4°

das informações; de um lado, distinção econômica dos acessos ("entradas" e "remissões" sob formas padronizadas) e, de outro, da descrição (elementos de transcrição e de análise do documento); gestão cada vez mais racional das diferentes entidades de um documento (o texto, a edição, o exemplar) etc.

Obviamente, a construção do catálogo corresponde a um processo de abstração, que se torna cada vez mais evidente à medida que se afasta do livro: do catálogo no *codex* ao catálogo em fichas, dos processos gráficos de descrição bibliográfica à captação de metadados desmaterializados. De resto, conjecturam-se, particularmente nos catálogos domésticos, tentativas de contornar essa necessária abstração, que correspondem hoje ao conceito de "catálogo enriquecido": descrições longas que excedem os imperativos de identificação e de acesso ao livro, desenvolvimentos, apreciações, historietas bibliográficas[9]. Da mes-

9. Alguns exemplos em Y. Sordet, "Une Approche des Catalogues Domestiques...", *art. cit.*, p. 120.

ma forma, a partir do século XVII o aparecimento da imagem, manuscrita ou gravada, no catálogo de livros é uma solução para a aporia do discurso catalográfico, que deixa "ver" elementos indóceis ao metadado: espécime paleográfico ou tipográfico, iluminura, marca de impressor. A evolução do catálogo de biblioteca no último terço do século XX e no século XXI oferece nesse aspecto um movimento singular de retorno. Decerto, ela se caracteriza por uma abstração e uma desmaterialização aceleradas dos dispositivos de assinalação e de acesso aos recursos, inclusive com as soluções de *cloud computing*, que libertam os metadados da própria infraestrutura informática da biblioteca. Mas, ao mesmo tempo, ela pela primeira vez torna diretamente possível o acesso ao documento "por meio do" catálogo, quer este ainda exista como tal para o usuário (sob um aspecto de uma interface de requerimento), quer ele esteja "dissolvido" na escala da *web*. Por isso, o necessário *continuum* metadado/documento numérico, que imbrica a descoberta, a descrição e a "entrega" do objeto[10], determina menos o desaparecimento programado do catálogo do que uma nova etapa de sua história.

10. *Discovery* et *delivery*: peço emprestada a fórmula de Simone Kortekaas (Biblioteca da Universidade de Utrecht), "Thinking the Unthinkable: A Library Without a Catalogue", intervenção no congresso da Ligue des Bibliothèques Européennes de Recherche (LIBER), junho de 2012.

V

HIERARQUIA DOS TEXTOS E ORDEM DOS LIVROS

A produção do catálogo sempre está ligada à questão da ordem dos livros, qualquer que seja sua ambição, da mais modesta (dar conta da organização física de uma coleção) à mais pensada (impor um sistema de busca pertinente do ponto de vista intelectual e prático). A obra de Calímaco, recensão de todos os "autores que brilharam em cada disciplina", deve ser considerada um empreendimento classificatório nativamente bibliotecário, isto é, procedente de uma coleção real: com a particularidade de que, dada a vocação universal que os Ptolomeus tinham imposto à biblioteca de Alexandria, implantada pela coleta e pela cópia sistemática, seu catálogo era pensado como um repertório de todos os textos possíveis. Foi, portanto, a biblioteca que, por meio do empreendimento catalográfico, gerou a primeira classificação textual conhecida do mundo mediterrâneo.

No mundo romano e na Idade Média, o processo é geralmente inverso: as classificações, elaboradas para fins pedagógicos ou espirituais, e não bibliotecários, vêm antes das coleções. O princípio de uma segmentação das disciplinas proposto por Varrão no primeiro século a.C. (*Disciplinarum Libri*) fundamenta o sistema das artes liberais, retomado por Marciano Capella no século V (*De Nuptiis Philologiae et Mercurii*) e depois por Alcuíno no século VIII; a separação e a hierarquia entre o *trivium* e o *quadrivium* constituem primeiramente um programa de ensino. A divisão entre as letras divinas e as profanas proposta por Cassiodoro no século VI (*Institutiones*), os vinte ramos do saber definidos pelas *Etimologias* de Isidoro de Sevilha (séculos VI-VII) e o *Didascalicon* de Hugues de Saint-Victor (século XII) são principalmente manuais, guias de estudos. As listas de livros que, especificamente, parecem inspirar-se diretamente dessa literatura teórica, como a *Biblionomia* de Richard de Fournival (Fig. 18), não devem ser analisadas como catálogos de coleções, mas se inserem no programa, no cânon ou na *ratio studiorum*. E esse gênero bibliográfico ainda é praticado magistralmente no início do século XVII com a *Bibliotheca Selecta* de Antonio Possevino.

Sem dúvida, a ordem alfabética é praticada na Idade Média mais do que se acreditou. A *Souda*, enciclopédia bizantina do século IX, foi então utilizada amplamente pelos sábios, e ainda constituiu para Gesner uma fonte de natureza bibliográfica solicitada regularmente para a elaboração de sua *Bibliotheca Universalis* (1545). Já no século XI, alguns catálogos de bibliotecas adotaram o ordenamento alfabético (renúncia à ordem ou lucidez prática?), e a construção das ferramentas de busca que acompanharam os inventários topográficos ou metódicos aproveitou-se, inevitavelmente, a partir do século XII, da generalização dos índices na produção científica de textos[1].

1. Donald Ervin Knuth, *The Art of Computer Programming*. T. III: *Sorting and Searching*, Reading, Addison-Wesley, 1973

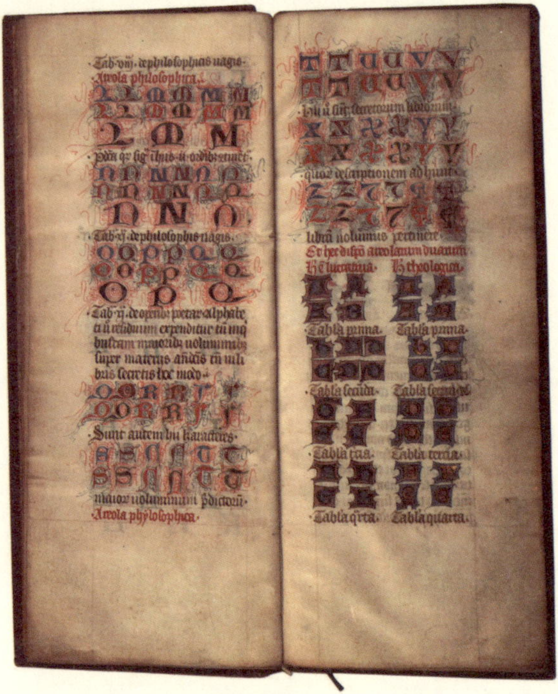

18. Richard de Fournival, *Biblionomia*. Manuscrito em pergaminho, França do Norte, século XIV (Paris, Bibliothèque de la Sorbonne, ms. 636).

Não é certeza que a técnica tipográfica em si tenha acelerado o desenvolvimento da ordem alfabética. Ainda mais difícil de admitir é o argumento de que a letra adquiriu uma importância gráfica nova induzida pela mobilidade e pela unicidade do caractere de tipografia, pela prática da fundição ou pela gravura de iniciais ornadas e pela generalização das assinaturas alfabéticas dos cadernos[2], de vez que, nesses pontos, o impresso toma muita coisa de empréstimo da fabricação do manuscrito, e as iniciais e as capitulações, inclusive nos documentos de caráter sequencial (índices, listas, catálogos), foram no começo

(*Addison-Wesley Series in Computer Science and Information Processing*); Mary Rouse & Richard Rouse, "La Naissance des Index", em *Histoire de l'Édition Française*, dir. R. Chartier e H.-J. Martin, I: *Le Livre Conquérant*, Paris, Fayard/Cercle de la Librairie, 1989, p. 100.

2. Argumento enunciado por Malcolm Walsby, "Book Lists and Their Meaning", em *Documenting the Early Modern Book World: Inventories and Catalogues in Manuscript and Print*, ed. Malcolm Walsby & Natasha Constantinidou, Leyden/Boston, Brill, 2013 ("Library of the Written Word", n. 31), p. 3.

deixadas maciçamente em branco para serem confiadas à mão do rubricador ou do iluminador.

Se a *Bibliotheca Universalis* de Gesner, como seu modelo longínquo, a *Souda*, adotou a ordem alfabética, essa adoção foi, no espírito de seu autor, indissociável das *Pandectas* (1548-1549), que compunham uma nomenclatura organizada em vinte e uma seções. Os catálogos de livreiro e de feira, preocupados com a eficácia comercial, davam prioridade a outras classificações: por local de impressão dos livros, por idioma e por matéria. A organização alfabética, por sua vez, suscitou uma dificuldade estranha à ordem metódica, a das formas concorrentes de nomes de autor. Esta fonte de hesitação – relativizando em seu princípio a pertinência da ordem alfabética – levou à invenção de uma técnica documental específica, a da dupla forma de autoridade/remissão(ões). Um de seus primeiros empregos sistemáticos, pelo que sabemos, encontra-se na *Bibliothèque Françoise* (1584) de La Croix du Maine (Fig. 19). Comprendem-se também essas passarelas introduzidas no texto catalográfico como ajudas

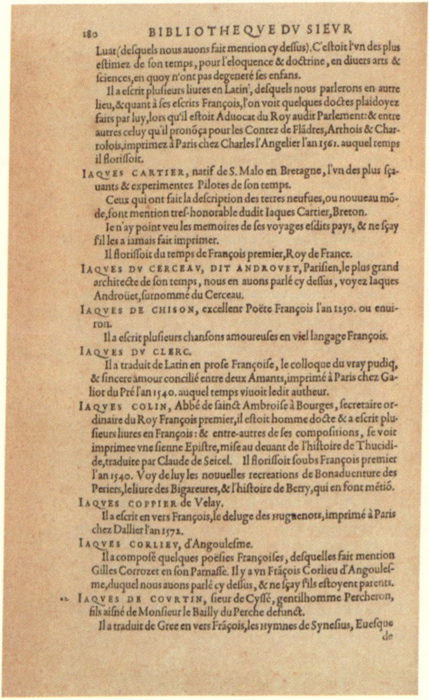

180 BIBLIOTHEQVE DV SIEVR

Luat (desquels nous auons fait mention cy dessus). C'estoit l'vn des plus estimez de son temps, pour l'eloquence & doctrine, en diuers arts & sciences, en quoy n'ont pas degeneré ses enfans.

Il a escrit plusieurs liures en Latin, desquels nous parlerons en autre lieu, & quant à ses escrits François, l'on voit quelques doctes plaidoyez faits par luy, lors qu'il estoit Aduocat du Roy audit Parlement: & entre autres celuy qu'il pronōça pour les Contez de Flādres, Arthois & Charolois, imprimez à Paris chez Charles l'Angelier l'an 1561. auquel temps il florissoit.

IAQVES CARTIER, natif de S. Malo en Bretagne, l'vn des plus sçauants & experimentez Pilotes de son temps.

Ceux qui ont fait la description des terres neufues, ou nouueau mōde, font mention tres-honorable dudit Iaques Cartier, Breton.

Ie n'ay point veu les memoires de ses voyages esdits pays, & ne sçay s'il les a iamais fait imprimer.

Il florissoit du temps de François premier, Roy de France.

IAQVES DV CERCEAV, DIT ANDROVET, Parisien, le plus grand architecte de son temps, nous en auons parlé cy dessus, voyez Iaques Androüet, surnommé du Cerceau.

IAQVES DE CHISON, excellent Poëte François l'an 1250. ou enuiron.

Il a escrit plusieurs chansons amoureuses en viel langage François.

IAQVES DV CLERC.

Il a traduit de Latin en prose Françoise, le colloque du vray pudiq, & sincere amour concilié entre deux Amants, imprimé à Paris chez Galiot du Pré l'an 1540. auquel temps viuoit ledit autheur.

IAQVES COLIN, Abbé de sainct Ambroise à Bourges, secretaire ordinaire du Roy François premier, il estoit homme docte & a escrit plusieurs liures en François: & entre-autres de ses compositions, se voit imprimee vne sienne Epistre, mise au deuant de l'histoire de Thucidide, traduite par Claude de Seicel. Il florissoit soubs François premier l'an 1540. Voy de luy les nouuelles recreations de Bonaduenture des Periers, le liure des Bigareures, & l'histoire de Berry, qui en font mētiō.

IAQVES COPPIER de Velay.

Il a escrit en vers François, le deluge des Huguenots, imprimé à Paris chez Dallier l'an 1572.

IAQVES CORLIEV, d'Angoulesme.

Il a composé quelques poësies Françoises, desquelles fait mention Gilles Corrozet en son Parnasse. Il y a vn Frāçois Corlieu d'Angoulesme, duquel nous auons parlé cy dessus, & ne sçay s'ils estoyent parents.

IAQVES DE COVRTIN, sieur de Cyssé, gentilhomme Percheron, fils aisné de Monsieur le Bailly du Perche defunct.

Il a traduit de Grec en vers Frāçois, les Hymnes de Synesius, Euesque de

19. As remissões (cf. "Jacques Du Cerceau" em François Grudé, sieur de La Croix du Maine, *Le Premier Volume de la Bibliothèque*, Paris, Abel L'Angelier, 1584 [Paris, Bibliothèque Mazarine, 2 6730-1]).

ao leitor porque a *Bibliothèque Françoise*, a primeira obra bibliográfica consagrada à produção em vernáculo, e redigida em francês, é utilizável potencialmente por leitores que não possuem o conhecimento dos amanuenses acostumados à manipulação de fontes múltiplas de referência. Somente o fichário dará uma resposta satisfatória à gestão das remisssões, porque sem dúvida aos bibliógrafos e aos bibliotecários parecia um absurdo a possibilidade de anexar um índice alfabético a um catálogo já concebido em ordem alfabética.

Por isso, a ordem alfabética pura (como princípio de organização global, e não como simples modo de consignar as entradas dentro de seções metódicas ou topográficas) é rara antes do século XIX, e é representada por publicações que, devido a esse fato, conheceram excepcional notoriedade, como o segundo e o terceiro catálogos impressos da Bodleian Library (1620 e 1674). Em sua grande maioria, as bibliotecas, tanto particulares quanto públicas, do Renascimento e da era clássica, dão prioridade em seus catálogos a apresentações metódicas cujas formas mais estruturadas e mais reproduzidas são representadas pela classificação de Nicolas Clément para a Bibliothèque du Roi e pelo "sistema dos livreiros de Paris". Na matéria, Naudé, que conhecia com toda a certeza os *Tableaux Accomplis de tous les Arts Libéraux*, de um Christophe de Savigny (1587), ou a árvore enciclopédica de Francis Bacon, preconizara um bom senso que deve ter parecido desenvolto aos defensores da sofisticação classificatória, e que convidava a não confundir – tentação intelectual permanente – os sistemas gerais dos conhecimentos e as necessidades práticas da gestão e da acessibilidade de uma coleção de livros[3].

3. "É por isso que, não fazendo outro juízo de uma ordem que não pode ser seguida senão de um autor que não quer ser entendido, creio que a melhor é sempre aquela que é a mais fácil, a menos intrigante, a mais natural, usada, e que segue as faculdades de Teologia, Medicina, Jurisprudência, História, Filosofia, Matemáticas, Humanidades e outras, as quais deve-se subdividir em cada uma em particular, segundo suas diversas partes..." (*Advis pour Dresser une Bibliothèque*, Paris, 1627, p. 134).

O catálogo da coleção da família de Thou, preparado por Ismaël Boulliau e publicado em 1679, que enfeixava a segmentação metódica em cinco classes – *Theologia, Jus Canonicum et Civile, Historia, Philosophia, Litterae Humaniores* –, seguidas de anexos reservados aos objetos isolados da classificação geral (manuscritos, obras de arte e instrumentos científicos), continha em embrião o "sistema dos livreiros de Paris", aperfeiçoado no início do século XVIII pelo livreiro Gabriel Martin e pelo bibliógrafo Prosper Marchand para as necessidades dos catálogos de venda pública de bibliotecas particulares. Exposto uma primeira vez, em 1706, na bibliotheca Bigotiana[4], consiste em extrair todas as consequências da subdivisão das classes ao orientá-la não para um grau de ramificação mais importante, mas, ao contrário, pro-

4. *Bibliotheca Bigotiana seu Catalogus Librorum, quos … Congessere … Joannes, Nicolaus & Lud. Emericus Bigotii*, Paris, 1706. Os três livreiros que organizam a venda e publicam o catálogo são na época os mais ativos representantes do comércio do livro de segunda mão em Paris: Jean Boudot (1685-1754), Charles Osmont (1668-1729) e Gabriel Martin (1678?-1761).

movendo uma melhoria da economia, ao reunir as disciplinas em cinco grandes classes (sendo a ordem definitiva Teologia, Jurisprudência, Belas--Letras, Ciências e Artes, História). Certamente, essa organização foi objeto, no século XVIII, de interpretações recorrentes[5], mas já não era vista nem como um itinerário espiritual que levava à adoração divina, nem como a expressão de um percurso pedagógico, nem como um decalque da organização universitária. Era um princípio prático de totalização arborescente, que resistiu às vicissitudes do uso e na qual, finalmente, a ordem das grandes classes não revelava qualquer hierarquia.

Concebido para os catálogos de venda, esse modelo se impôs por muito tempo, fora de todo dispositivo administrativo de normalização, a tal

5. A Teologia abrangia as obras referentes à relação do homem com o divino; a Jurisprudência, do homem com o homem; as Belas-Letras, do homem com o idioma; as Ciências e as Artes, do homem com a natureza; e a História, do homem com o tempo.

ponto que a maioria dos sistemas concorrentes – nenhum dos quais conseguiu se impor – se apresentava como fruto de uma "reforma" ou justificava explicitamente suas diferenças. Foi o que aconteceu com o próprio Prosper Marchand, que propôs em 1711 uma organização diferente das classes ao passar a Teologia para o terceiro lugar[6]. O mesmo ocorreu com o catálogo de venda dos livros e estampas do mestre das contas Perrot, em 1776, no qual o redator, o livreiro bibliógrafo Née de La Rochelle, manteve "disposto numa ordem diferente da observada até aquela data"[7].

6. *Scientia Humana seu Philosophia, Scientia Divina seu Theologia, Scientia Eventuum seu Historia*, precedidas de uma *Introductio seu Bibliographia*, e seguidas de um *Appendix* (polígrafos, miscelâneas, dicionários). Cf. Christiane Berkvens-Stevelinck, "L'apport de Prosper Marchand au Système des Libraires de Paris", *De Gulden Passer*, 1978, pp. 21-63; "Prosper Marchand: Remarques sur la *Bibliotheca Bultelliana*: Lettre Ouverte à Gabriel Martin, 1711", *Lias*, 17 (1990), pp. 91-107.

7. *Catalogue des Livres et Estampes de la Bibliotheque de Feu Monsieur Perrot, Maître des Comptes; Disposé dans un Ordre Différent de Celui Observé Jusqu'à ce Jour...*, Paris, Jean-Baptiste Goguée, Jean-Baptiste-François Née de La Rochelle, 1776.

Esse sistema influenciou a produção de obras bibliográficas na Europa e, a partir do século XIX, por intermédio do *Manuel du Libraire* de Brunet[8], marcou por muito tempo a cultura profissional das bibliotecas ainda não denominadas patrimoniais. Recordemos que, no momento da informatização dos catálogos, elaborou-se um esquema de indexação da matéria dos acervos antigos baseado totalmente nesse índice metódico, cujas rubricas foram objeto de uma codificação alfanumérica[9].

O sucesso do "sistema dos livreiros de Paris" suscita uma interrogação sobre o fracasso dos outros. É que a reflexão sobre a classificação dos conhecimentos e sua aplicação ao catálogo de livros teve prosseguimento, alimentada tanto pela *expertise* científica quanto pela ideologia. Mesmo na época da Revolução, quando a mas-

8. Jacques-Charles Brunet, *Manuel du Libraire ou de l'Amateur de Livres*, 5. ed., Paris, 1860-1865.

9. *Table du* Manuel du Libraire et de l'Amateur de Livres *par Jean-Charles Brunet; Codée en Vue de son Utilisation sur Ordinateur*, reed. Guy Parguez, [Lyon, 1968].

sa das bibliotecas colocadas nas mãos da nação confrontava os poderes públicos com uma ambição catalográfica inédita, Hubert-Pascal Ameilhon (1730-1811), Claude-François Daunou (1761-1840) e Gabriel Peignot (1767-1849) empenharam-se em reformar o ordenamento dos conhecimentos em função da marcha do espírito humano. No século XIX, a bibliografia foi largamente assaltada pelos sábios de todas as disciplinas e, mais particularmente, pelos cientistas: assim, a partir de 1834, André-Marie Ampère publicou seu *Essai sur la Philosophie des Sciences, ou Exposition Analytique d'une Classification Naturelle de toutes les Connaissances Humaines*, classificando nele e subdividindo em árvores paralelas as "verdades" que faziam parte do mundo material (ciências cosmológicas) e as do mundo do pensamento (ciências noológicas). Ora, Brunet, que transmitiu depois da Revolução um sistema de difusão então desigual, escreveu com meias palavras que a superposição da ordem das ideias e da organização dos livros era ilusória, que o mundo dos livros finalmente resistia à taxinomia dos saberes e à hierarquização das disciplinas, e que os catalogadores, para preservar os leitores, os livreiros e os compradores de "ter falta" de um livro, ganhavam em ser "libertos das predileções exclusivas que os eruditos são levados naturalmente a ter por tudo o que foi o objeto principal de seu estudo"[10].

Finalmente, a partir da Idade Média, a *expertise* do catalogador foi definida menos pela dominação de uma superestrutura classificatória do que pela descrição e pela indexação dos textos e dos livros. Estas, no curso do tempo, deram respostas diversificadas, no quadro de uma busca de eficácia e de uma apreensão mais global de seu objeto, aos problemas práticos levantados pelas múltiplas dimensões do livro, ao mesmo tempo unidade codicológica (o volume), complexidade filológica (vários textos, vários autores) e entidade bibliográfica (uma edição, que não é exatamente nem um texto nem um objeto físico). Essa história é marcada tanto pela evolução interna da descrição quanto por processos de unificação e de

10. J.-Ch. Brunet, *Manuel*..., 5. ed., t. VI, 1865, col. IX.

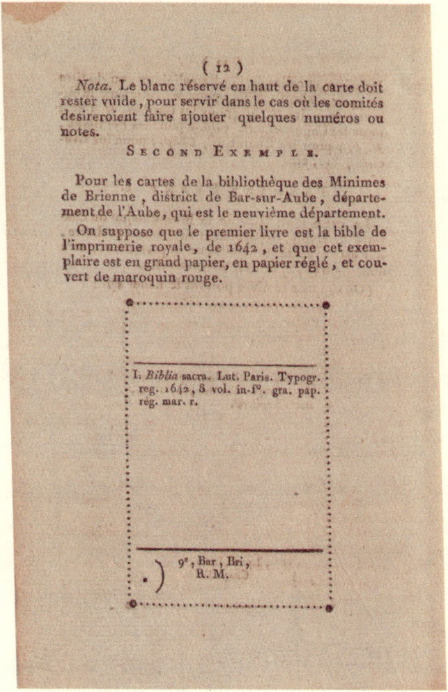

(12)

Nota. Le blanc réservé en haut de la carte doit rester vuide, pour servir dans le cas où les comités desireroient faire ajouter quelques numéros ou notes.

SECOND EXEMPLE.

Pour les cartes de la bibliothèque des Minimes de Brienne, district de Bar-sur-Aube, département de l'Aube, qui est le neuvième département.

On suppose que le premier livre est la bible de l'imprimerie royale, de 1642, et que cet exemplaire est en grand papier, en papier réglé, et couvert de maroquin rouge.

I. *Biblia* sacra. Lut. Paris. Typogr. reg. 1642, 8 vol. in-f°. gra. pap. rég. mar. r.

9e, Bar, Bri, R. M.

20. *Instruction pour Procéder à la Confection du Catalogue de Chacune des Bibliothèques sur Lesquelles les Directoires ont dû ou Doivent Incessamment Apposer les Scellés* (de 15 de maio de 1791). Paris, Imprimerie Nationale, 1791 (Paris, BnF, 8-Q-6023 (1)).

21. Fichário rotativo, *c.* 1950 (Paris, Bibliothèque Interuniversitaire de Santé).

padronização. Sobre este último ponto, o papel das autoridades religiosas foi importante, e a Congregação do *Index* foi, sem dúvida, pioneira. Logo após a publicação do *Index Librorum Prohibitorum* de Clemente VIII (27 de março de 1596), teve-se a iniciativa de fazer um vasto levantamento dos livros em poder das comunidades canoniais e monásticas italianas, todas congregações misturadas. Foi então difundida uma grade de

22. Bibliothèque Mazarine, três séculos de notícias catalográficas (séculos XVIII-XXI).

instruções junto aos estabelecimentos eclesiásticos, impondo uma classificação (alfabética) e a lista dos dados a registrar e organizar (autor e título, local, ano de edição, nome do impressor, idioma, manuscritos listados separadamente dos impressos...). O resultado desse levantamento, que envolveu mais de dez mil coleções, está conservado na Biblioteca Vaticana numa excepcional coleção de sessenta e um volumes manuscritos que agrupam os catálogos transmitidos a Roma entre 1598 e 1603[11]. É o primeiro trabalho cen-

11. Vat. lat. 11266-11326. Marc Dykmans, "Les Bibliothèques des Religieux d'Italie en l'An 1600", *Archivium Historiae*

tralizado e efetivo de padronização catalográfica, antes da enunciação das regras destinadas aos estabelecimentos mauristas nos anos 1660[12] e da unificação administrativa das bibliotecas francesas no tempo da Revolução (Fig. 20).

Pontificiae, 24, 1986, pp. 207-255; Roberto Rusconi, "Les Biblioteche degli Ordini Religiosi in Italia Intorno all'Anno 1600 Attraverso l'Inchiesta della Congregazione dell'Indice: Problemi e Prospettive di una Ricerca", em *Libri, Biblioteche e Cultura nell'Italia del Cinque e Seicento*, ed. Edoardo Barbieri e Danilo Zardin, Milano, 2002, pp. 63-84. Essa coletânea foi objeto de vasto estudo dirigido por Rosa Maria Borraccini, cujos resultados foram publicados em parte em "Libri, Biblioteche e Cultura degli Ordini Regolari nell'Italia Moderna Attraverso la Documentazione della Congregazione dell'Indice", *Atti del Colloquio de Macerata*, 30 maggio-1 giugno 2006, Città del Vaticano, BAV, 2006 (Studi e Testi; 434); *Dalla Notitia Librorum degli Inventari agli Esemplari: Saggi di Indagine su Libri e Biblioteche dai codici Vaticani latini 11266-11326,* ed. Rosa Maria Borraccini, Macerata, EUM, 2009.

12. *Règles Communes et Particulières pour la Congrégation de Saint-Maur*, [s. l., s. n.], 1663, pp. 85-87: "Du Catalogue des Livres".

VI
DESAPARECIMENTO, CONSERVAÇÃO E SILÊNCIO DOS CATÁLOGOS

Os catálogos descritos pelas grandes campanhas de listagem de bens promovidas a partir de meio século atrás mostram apenas uma parte da produção real. Algumas edições (como aquelas em forma de *placard*), bem como alguns tipos de catálogos de livros, principalmente as listas de vocação comercial, mostraram-se particularmente vulneráveis, tanto devido à sua utilização quanto a uma difusão ampla, porém, pontual, o que aproxima esses documentos dos *ephemera* que não eram produzidos em tempos antigos nem "santuarizados" sistematicamente nas bibliotecas. Calculou-se que 80% dos catálogos de venda elaborados nas Províncias Unidas nos séculos XVII e XVIII, cuja existência é confirmada apenas por citações ou anúncios nas gazetas contemporâneas, não foram conservados[1]. Mas as perdas afetaram também os catálogos de biblioteca. Alguns daqueles que foram citados em tempos antigos desapareceram ou não foram conservados, ou por terem caído em desuso, ou por terem sido transferidos para um novo suporte. O primeiro catálogo da abadia carolíngia de Reichenau, datado de 821, foi visto e consultado pela última vez no final de século XVIII. O fichário que o lionês Pierre Adamoli (1707-1769) consagrou, a partir de sua coleção, aos livros impressos em Lyon desde o século XV, o que poderia ter sido a primeira bibliografia lionesa, não foi encontrado[2]. É o caso, também, de indagar se o uso e os modos de disponibilidade dos catálogos de bibliotecas de instituições não tiveram influência sobre suas taxas de conservação.

1. Otto Lankhorst, "Les Ventes de Livres en Hollande et Leurs Catalogues (XVIIe-XVIIIe siècles)", em *Les Ventes de Livres et Leurs Catalogues...*, p. 15.

2. Y. Sordet, *L'Amour des Livres..., op. cit.*, pp. 333-334.

O catálogo dos manuscritos latinos da Vaticana, elaborado por Ferdinando Ruano em 1548-1550 e concebido especificamente como um instrumento de busca para uso exclusivo do bibliotecário – os leitores não tinham acesso direto a ele – e que permaneceu em vigor até o início do século XVII, manteve-se particularmente "novo"[3].

Nas bibliotecas públicas, a história do catálogo, que se alimenta de outros catálogos por psitacismo, economia bibliográfica, transferência ou (retro)conversão, frequentemente oferece a imagem enganosa de um *continuum*, mesmo quando, a partir do século XIX, a mobilidade da ficha e do registro bibliográfico reintroduziu soluções de continuidade que o catálogo impresso tinha deixado de lado. Quais bibliotecas implantaram uma verdadeira política de conservação de seus fichários? Será que o movimento de integração dos catálogos informatizados (no momento em que escrevemos, o *Worldcat*, inaugurado em 1971, assinala 894.173.633 registros bibliográficos, que dão

3. Vat. lat 3967-3969, cf. Pierre Petitmengin, "I Manoscritti Latini della Biblioteca Vaticana...", *art. cit.*, p. 63.

acesso a 2.189.995.168 documentos)[4] guardará a memória dos catálogos individuais que o alimentaram e que cada um deles, em seu perímetro e sua temporalidade, deve poder ser isolado como objeto de história?

Desde o século XVI, porém, as listas de livros foram meticulosamente pesquisadas, reunidas e conservadas, e algumas das coleções criadas dessa maneira são a origem de acervos que hoje constituem recursos de primeiro valor para o estudo e o inventário dos catálogos. Na Europa erudita, a função dessa categoria de documentos – o intercâmbio, a informação, a circulação dos textos – explica tanto sua circulação quanto sua conservação. Cumpre assinalar a importante coleção de catálogos manuscritos de biblioteca que foi reunida em Pádua por Gian Vincenzo Pinelli (1535-1601)[5], e a atenção particular de

4. https://oclc.org/worldcat/watch-worldcat-grow.en.html [página consultada em 2 de novembro de 2014].

5.Angela Nuovo, "Gian Vincenzo Pinelli's Collection of Catalogues of Private Libraries in Sixteenth-century Europe", *Gutenberg Jahrbuch*, 82, 2007, pp. 129-144.

Gabriel Naudé, que no *Advis* recomenda que se "conservem e recuperem cuidadosamente [...] todos os diversos sumários, índices & catálogos", bem como que se mande "transcrever todos os catálogos não só das grandes & renomadas bibliotecas, sejam elas velhas ou modernas, públicas ou particulares, & em nossa posse ou dos estrangeiros, mas também estúdios & gabinetes, que por não serem conhecidos nem assombrados permanecem envoltos num silêncio perpétuo"[6]. Uma coletânea de catálogos de feira dos anos de 1602 a 1641, alguns dos quais foram utilizados pelo livreiro Sébastien Cramoisy, transmitido pela biblioteca de Mazarino, atesta com muitos outros essa prática de coletânea e de capeamento dos catálogos usada por Naudé, que coligiu igualmente os catálogos de biblioteca manuscritos[7]. Jean-Nicolas de Tralage (1620-1699)

6. Chap. II: "La Façon de s'Instruire & Sçavoir comme il faut Dresser une Bibliotheque", *Advis...* (1627), pp. 27-28.

7. "*Catalogus Bibliothecae Incertae, fo*", "Catalogue de Livres. 8o", *Inventarium librorum. 4o*, no inventário *post mortem* da biblioteca de Mazarino, 1661, Bibl. Mazarine, ms. 4100, f. 19r, 32v.

colecionador-documentalista, reuniu listas muito diversas de estampas, de livros e de mapas geográficos, formando um *instrumentarium* composto de catálogos de venda, de catálogos de livreiros ou de comerciantes de estampas (originais impressos, às vezes gravados, ou cópias manuscritas), listas de aquisições e de faturas, inventários das coleções contemporâneas[8]. Ainda se pode citar o dominicano Jacques Quétif (1618-1698), bibliotecário do convento de Saint-Honoré, que deu início à história literária de sua ordem e deixou ex-libris em diversas coletâneas comerciais de livros, hoje conservadas nas bibliotecas parisienses. A documentação catalográfica reunida por Prosper Marchand (1678-1756), uns cem catálogos de livreiro e outros tantos de bibliotecas

8. As coletâneas de Tralage conservadas na Bibliothèque Mazarine (ms. 4299-4300, 4° A 16031 [Rés.] et 4° A 15395 [Rés]) reúnem uns cem catálogos, entre os quais alguns raríssimos; ver Peter Fuhring, "Jean Nicolas de Tralage: La Documentation d'un Collectionneur d'Estampes au XVIIe Siècle", *L'Estampe au Grand Siècle: Études Offertes à Maxime Préaud*, Paris, École nationale des Chartes/BnF, 2010, pp. 515-539.

particulares e públicas, está atualmente conservada na universidade de Leyden. A excepcional série (umas oitocentas peças) coligida por Hans Sloane (1660-1753), testemunho de uma rede de informação bibliográfica que abrange toda a Europa, foi adquirida após sua morte, com todos os livros, pela biblioteca do British Museum que se formava na época[9].

Não obstante, a história dessas transmissões, que não poderíamos cobrir aqui, deve evocar ainda a figura de Étienne-Alexandre-Jacques Anisson-Duperron (1749-1794), último diretor da Tipografia Real cujos bens, inclusive a documentação profissional, foram confiscados em abril de 1794; os conjuntos formados pelo livreiro Achille Jullien no século XIX e por Seymour de Ricci no XX, que anexaram à Bibliothèque Nationale séries constituídas especificamente para

9. Giles Mandelbrote, "Les Catalogues de Libraires dans les Collections de Sir Hans Sloane (1660-1753): Provenance et transmission", *Le Livre Entre le Commerce et l'Histoire des Idées...*, 2011, pp. 207-208.

os catálogos comerciais[10]; e a coleção de Albert Ehrman (1890-1969), atualmente na Bodleian Library, que serviu de base para o repertório de Pollard-Ehrman[11].

A coleta e o uso do catálogo manifestam desde muito tempo, conscientemente, sua capacidade de atender às necessidades que excedem o acesso a um texto ou à informação acerca da disponibilidade de um livro. Um jovem livreiro escrevia, em 1776, que observava "a azáfama dos curiosos em recolher essas obras efêmeras" e seus recursos gastos na formação do erudito e naquilo que ainda não se chamava a história cultural[12].

10. Q10 para os catálogos de livreiros, D para os catálogos de venda. Apresentação desses fundos em: Françoise Bléchet, *Les Ventes Publiques de Livres en France, 1630-1750: Répertoire des Catalogues Conservés à la Bibliothèque Nationale*, Oxford, Voltaire Foundation, 1991; e Claire Lesage *et al.*, *Catalogues de Libraires...*, 2011.

11. Cf. supra, nota 2.

12. Apresentam o quadro fiel do gosto geral de cada Século pelas ciências, do gosto de cada Nação & dos literatos que elas produziram"; os livreiros "converteram os catálogos que lhes saíram das mãos em outras tantas bibliotecas falantes, onde

Quanto aos catálogos de biblioteca, desde a *Bibliotheca Belgica Manuscripta* de Sanderus (1641-1644, nº 30), passando pela *Bibliotheca Bibliothecarum Manuscriptorum Nova* de Bernard de Montfaucon (1739) e pelas *Anciennes Bibliothèques de Paris* de Alfred Franklin (1867-1873), até as pesquisas promovidas frequentemente, a partir do século XX, em organismos nacionais, suscitaram uma tradição forte de inventário, de análise e de edição, que se beneficia hoje de abordagens renovadas pela instrumentação eletrônica[13].

os eruditos e os jovens candidatos vão procurar conselhos verdadeiros e lacônicos para aperfeiçoarem os trabalhos que empreenderam, ou a condução daqueles aos quais queriam se dedicar" (Jean-Baptiste-François Née de La Rochelle, "Avertissement", *Catalogue des Livres et Estampes de la Bibliotheque de Feu Monsieur Perrot...*, Paris, 1776, f. a1r). Acerca desses usos dos catálogos, Y. Sordet, "Source Bibliographique et Modèle Bibliophilique: Les Catalogues de vente de Gabriel Martin à Seymour de Ricci", *Les Ventes de Livres et Leurs Catalogues...*, pp. 99-116.

13. Cumpre reportar-se, por exemplo, no tocante à França medieval, ao repertório *Bibliothèques de Manuscrits Médiévaux en France,* reed. Annie Genevois, Jean-François Genest & Anne Chalandon, com a colaboração de Marie-José Beaud

Os azares de sua conservação não devem mascarar o fato de que os catálogos são, por sua vez, de uma exaustão relativa. Sem evocar a questão do que um catálogo "não diz" de um livro, que é relacioná-lo com uma história da percepção do objeto, cumpre recordar que, por diversas razões, que dizem respeito à censura, à indiferença intelectual ou econômica e à materialidade dos documentos, alguns títulos e alguns tipos de livros escaparam cautelosamente tanto ao inventário quanto à indexação. Os textos contidos nos manuscritos heterogêneos, as peças encadernadas dentro de coletâneas factícias, escaparam aos catalogadores

e Agnès Guillaumont, Paris, CNRS, 1987 (= *BMMF*), hoje consideravelmente atualizado (o número de inventários escrutinados passa de dois mil para quatro mil) dentro de um projeto de publicação *on-line*, de reprodução numérica e de edições eletrônicas seletivas, Monique Peyrafort-Huin et Anne-Marie Turcan-Verkerk, "Les Inventaires Anciens de Bibliothèques Médiévales Françaises: Bilan des Travaux et Perspectives", em *L'Historien Face au Manuscrit*, dir. Fabienne Henryot, Louvain, Presses Universitaires de Louvain, 2012, pp. 149-150.

que não praticavam o esmiuçamento integral e a “indexação” dos volumes. Inventários notariais depois do século XVI e catálogos de venda depois do século XVII destacam pacotes ou lotes, contendo títulos cujos gênero e quantidade foram, na melhor das hipóteses, especificados, mas que não foram objeto de uma avaliação ou descrição individuais. O historiador do livro e das bibliotecas lembra-o hoje regularmente: publicações ocasionais, opúsculos ou documentos de aparência serial (almanaques, atas impressas, libelos, os próprios catálogos de livros...) se situam em geral nos ângulos mortos das fontes catalográficas. Pierre de L'Estoile (1546-1611), desdenhando por motivos tanto intelectuais quanto políticos os panfletos impressos e difundidos nos reinados de Henrique III e Henrique IV, os recolheu, utilizou e citou em seu *Journal*; Gabriel Naudé, em *Le Marfore* (1620) e, depois, no *Mascurat* (1649), manifestou a mesma atitude ambivalente. Mas essas obras, que não dependem propriamente falando do gênero bibliográfico, dão testemunho de libelos amplamente difundidos que os inventários e catálogos da época, ou por prudência ou por desinteresse comercial, não assinalaram nas coleções ou nos acervos que pretendiam cobrir.

De fato, os dispositivos de censura e de fiscalização da livraria tiveram uma influência determinante sobre a produção catalográfica, e não somente mediante a elaboração de listas e de índices específicos. O índex de Paulo IV (1558), particularmente rigoroso (foi apresentada a lista como a dos livros cuja posse era proibida sob pena de anátema), deu margem a práticas de expurgação dos livros e/ou dos dados catalográficos. Na Vaticana, que experimentou menos que outras bibliotecas esses esforços para erradicar todo e qualquer traço da heresia, a necessidade filológica do catálogo foi mais forte que suas outras funções: ele conservou a lembrança, como que por escrúpulo, das folhas que o custódio Girolamo Sirleto (1557-1572) fizera desaparecer de alguns manuscritos[14].

14. Uma nota chegou mesmo a atualizar o catálogo: *A. D. Hier.mo Sirleto combustus*, cf. P. Petitmengin, "I Manoscritti...", *art. cit.*, p. 64.

Além das necessidades que lhe presidiram a elaboração e podem explicar-lhes os limites e os silêncios sobre os registros, a lista de livros foi levada a cumprir no tempo diversas funções, tanto práticas quanto simbólicas, as quais relativizam muitos empreendimentos tipológicos. Gênero erudito, o catálogo é um *meio* de atribuir um texto a um autor, uma pedra de toque para a autenticação, uma publicação de etapa; *instrumento* de propriedade (e, por conseguinte, de apropriação e de transmissão) e *ferramenta* de gestão, é portador de um *discurso*, a interpretar também em função do que exclui ou do que deixa de dizer; *documento* de função transitiva, ele se torna igualmente *monumento* (epigráfico, tipográfico...); *representação*, coloca em cena uma biblioteca (objeto privilegiado de *mise en abyme*) e integra, por sua vez, as representações de outras bibliotecas; quaisquer que sejam sua eficácia e a vocação dos objetos que descreve, é um *medium* determinante entre um texto e um suporte, uma entidade filológica e um exemplar material entre um detentor, um intermediário e um usuário.

Tantas dimensões que não param de estimular o olhar do historiador.

Entre os territórios a explorar, figura ainda o da interação entre os sistemas classificatórios e os dispositivos catalográficos concebidos para diferentes campos do conhecimento (bibliografia, astronomia, zoologia, numismática, nosologia...), e particularmente no longo tempo que, do Renascimento à aurora da época contemporânea, corresponde à autonomização dessas disciplinas. Essa interrogação não diz respeito apenas à evolução dos sistemas globais de organização dos conhecimentos, nem à metodologia da bibliografia especializada. Ela implica uma análise das influências possíveis, de um domínio ao outro, dos modos de estruturação e de hierarquização dos metadados, particularmente da parte daqueles que, como Gesner, praticaram o inventário de diversos universos. Ela não pode tampouco deixar de cotejar alguns objetos catalogados. Cabe observar, por exemplo, que a partir do século XVII, pelo menos três categorias de colecionáveis foram objeto de tratamentos "científicos" que determinam práticas catalográficas comparáveis: os livros impressos, as medalhas e as curiosidades naturais. Os três foram cercados por reflexões classificatórias intensas, e os três se adequaram à elaboração de séries hierarquizadas (livros por categorias bibliográficas subdivididas; coleções numismáticas organizadas por civilização, por metal e por data; e *naturalia* segundo uma taxonomia evolutiva). Examinando de mais perto, analogias de *status* as aproximam: para cada um – exemplar impresso, medalha, concha ou fóssil – o gesto inicial do catalogador, seja ele colecionador, erudito ou os dois, é o mesmo: consiste em medir a adequação do objeto com uma definição geral dada pelas autoridades (bibliográficas, numismáticas ou zoológicas); em compará-lo com outros exemplares ou espécimes procedentes, supostamente, da mesma edição, da mesma cunhagem monetária ou da mesma espécie; em determinar o que nele o identifica ou o distancia. Uma duplicidade semelhante os aproxima, ao mesmo tempo objetos concretos e particulares (o livro, a moeda e a concha enquanto exemplares) e entidades abstratas genéricas (a edição, a cunhagem, a espécie). Esta duplicidade impôs ao ato catalográfico um ir-e-vir constante entre o objeto físico e sua norma pressentida[15]. Progredindo por cotejos e comparações, por aproximações e distinções, em referência a uma sistemática aberta e convocando técnicas de exame próprias de cada disciplina, esse labor é fonte também de prazer intelectual. Esse "processo da determinação"[16], que convoca os catálogos e, por sua vez, produz informação catalográfica, tem por ambição suprema a determinação da raridade ou a identificação do

15. Esses gestos salientaram, no tocante ao século XVIII, a oficina do erudito Laurent de Jussieu, ou a de Pierre Adamoli, que coleciona e inventaria ao mesmo tempo os livros, as curiosidades naturais e a numismática. Y. Sordet, *L'Amour des Livres…*, *op. cit.*, pp. 286-290.

16. *Vorgang der Bestimmung*: a fórmula é de Ernst Jünger, que lembra sua prática de entomologista. "Forscher und Liebhaber. Ansprache anläßlich des 3. Bayerischen Entomologen-Tages in München, am 10. April 1965", *Grenzänge: Essays: Reden: Träume*, Stuttgart, E. Klett, 1966, p. 101.

inédito (uma edição ou um texto desconhecido, uma moeda nunca descrita antes, uma espécie nova), pedra de toque do progresso da pesquisa.

SOBRE O AUTOR

Yann Sordet nasceu em 1971. Diplomou-se em arquivística e paleografia na prestigiosa École Nationale des Chartes-Paris, em 1997, com uma tese consagrada à história das práticas de bibliofilia no Século das Luzes. Foi diretor do Departamento de Obras Raras da Biblioteca Sainte-Geneviève, de 2003 a 2010, e, atualmente, dirige a Biblioteca Mazarine, a mais antiga biblioteca pública da França. É editor da revista internacional *Histoire et Civilisation du Livre*.

Título	*Da Argila à Nuvem: Uma História dos Catálogos de Livros (II Milênio – Século XXI)*
Autor	Yann Sordet
Editor	Plinio Martins Filho
Revisão técnica	Marisa Midori Deaecto
Revisão	Simone Oliveira
Tradução	Geraldo Gerson de Souza
Produção editorial	Aline Sato
Capa	Gustavo Piqueira e Samia Jacintho / Casa Rex
Editoração eletrônica	Camyle Cosentino
Formato	10 × 15 cm
Tipologia	Aldine 401 BT
Papel do miolo	Pólen Bold 90 g/m²
Número de páginas	136
Impressão do miolo	Rettec
Impressão da capa	Oficinas Gráficas da Casa Rex